Krisen, Leid, Trauer im Spiegel der Kunst

Kunst, in welcher Form auch immer, spiegelt Höhepunkte des Lebens und setzt sich kreativ mit Tiefpunkten auseinander. Das will dieses »Leidfaden«-Heft aufnehmen, indem es mit Beiträgen aus der bildenden Kunst, aus Bereichen der Musik, der Architektur, der Literatur, dem Theater und Tanz Einblicke gibt, wie Kunst existenzielle Menschheitserfahrungen abbildet, Hoffnungen weckt, Gefühle ausdrückt und zugänglich macht.

So greifen Bildhauer und Malerinnen immer wieder Themen der Vergänglichkeit auf und setzen in ihrer individuell ganz eigenen Form den menschlichen Überlebenswillen und die Suche nach Heilung gestalterisch um. Die Musik vermag tiefe Glücksgefühle hervorzurufen, Heimatempfinden herzustellen und Angstgefühle zu bändigen. Literatur ringt um Worte für all das Unaussprechliche, das in den tiefsten Ebenen unseres Erlebens entsteht. Architektur setzt der Endlichkeit überdauernde Bauwerke entgegen, die erinnern, mahnen oder Trost vermittelnde Geborgenheitsräume zur Verfügung stellen, wie zum Beispiel die Dresdner Frauenkirche.

Welche Bedeutung können Kunst und künstlerische Zugänge für leidende Menschen haben? Diese »Leidfaden«-Ausgabe zeigt ausgewählte Zugänge, die schreibend, gestaltend, inszenierend oder musikalisch Ausdrucksräume für Menschen in Krisenzeiten eröffnen, in denen etwas vom dem künstlerisch umgesetzt wird, das sie bewegt, und die in inneren wie äußeren Bewegungen individuelle Bearbeitungsmuster unterstützen. Menschen treten kreativ in einen Dialog mit sich selbst, verleihen dem Eindrücklichen seinen gebührenden Ausdruck, der über das Schmerzhafte mitunter weit hinaus weist.

Künstlerische Werkstatteinblicke stellen Kunst als eine Möglichkeit dar, diese kreativ für persönliche Herausforderungen wie Krise, Leid und Trauer zu nutzen. Kunsttherapeutische Ansätze zeigen, wie sie Menschen in Zeiten tiefgreifender Wandlungsprozesse anregen, ihre Verluste nicht nur zu zeigen, sondern sie auch im Schaffungsprozess distanziert wie von außen zu betrachten und so schöpferisch immer wieder neu zu bearbeiten. Persönliche Beispiele berichten konkret davon, wie ihre Autorinnen und Autoren künstlerische Zugänge für ihre vielfältigen Selbstbegegnungen nutzten.

Dieses Heft möchte anregen, in künstlerischen Darstellungen eigene Erfahrungen wiederzuerkennen und in eigener kreativer Form tiefgründig Erlebtes würdigend darzustellen. Denn Eindruck braucht Ausdruck.

Dorothee Bürgi

Petra Rechenberg-Winter

Inhalt

Leiden-schaf(f)t Kunst

Heiderose Gärtner-Schultz

Die Leidenschaft für die Kunst schafft Leiden oder wird aus Leiden heraus Kunst geschaffen? »Kunst wird immer aus Leiden geboren. Immer«, hat Erich Kästner gesagt. Wie verhält es sich damit? Ist Leiden nötig, um Kunst zu schaffen? Welche Rolle spielt künstlerisches Gestalten beim Bearbeiten von Leid? Diesen Fragen gehe ich im Folgenden nach. Denn gleichzeitig wird die Vorstellung, dass aus Leiden Kunst entsteht, oft als kulturwissenschaftlicher Mythos abgetan.

Geschichtlich und biographisch gesehen gibt es unzählige Beispiele von Künstlern, die ihre persönliche Not, ihr Leiden mit ihrem Kunstschaffen in Verbindung brachten oder bei denen es damit konnotiert wurde. Dazu zählen beispielsweise Kierkegaard, van Gogh, Dostojewski und Frida Kahlo.

Frida Kahlo, die aufgrund eines Autounfalls in frühen Lebensjahren für immer körperlich eingeschränkt und mit vielen Schmerzen leben musste, hat ihr Erleben in Worte gefasst: »Ich bin nicht gestorben, und außerdem habe ich etwas, wofür es sich zu leben lohnt: die Malerei.« Die Malerei hat sie am Leben erhalten, war ihr

Leidfaden, Heft 2 / 2014, S. 4–7, © Vandenhoeck & Ruprecht GmbH & Co. KG, Göttingen, 2014, ISSN 2192-1202

Frida Kahlo, Wurzeln oder Der Pedregal, 1943 © Banco de México Diego Rivera Frida Kahlo Museums Trust / VG Bild-Kunst, Bonn 2014 / akg-images

»Ich bin nicht gestorben, und außerdem habe ich etwas, wofür es sich zu leben lohnt: die Malerei.« Die Malerei hat Frida Kahlo am Leben erhalten, war ihr Lebenselixier.

Lebenselixier, weniger blumig gesagt: ihr Lebensinhalt, ihr Sinn. Kunst und Leiden – wie sieht der Zusammenhang aus, kann man dem nachspüren?

Zuerst soll geklärt werden, was unter Kunst in diesem Zusammenhang verstanden wird. Kunst wird als Ausdrucksform für Gefühle und Gedanken, die Menschen bewegen, bestürmen oder erschüttern, verstanden. Der Schaffende gibt sich selbst hinein, unabhängig, ob das Werk vom Betrachtenden als ein großes oder bescheidenes Werk angesehen wird. Kunst ist das Ergebnis expressiver Schaffenskraft und beinhaltet das Bedürfnis, sich anderen mitzuteilen, sei es im Rahmen von Ausstellungen oder Ähnlichem. »Kunst kommt von Können«, heißt es landläufig. Kunst kommt ebenso von »künden«, es will weitergegeben werden, was ein Mensch erfährt oder für sich erkennt.

Entlastung

Kunsttherapeutisches Arbeiten mit Menschen, die aufgrund persönlicher Schicksalsschläge innerlich blockiert und bedrückt sind, setzt an dieser Stelle an: Der Mensch soll die Möglichkeit erleben, sich zu entlasten. Wichtig ist, dass die Teilnehmenden wissen, dass es nicht um Leistung geht. Alles, was zum Beispiel auf das Papier will, ist erlaubt und okay. Mit Hilfe musikalischer Einstimmung, der Beschäftigung mit Farben, offenen Bildaufgaben, abstrakten Gestaltungsvorgaben kann Entlastung geschehen. Eine erste Möglichkeit, eine Methode, sich vom Schmerz zu befreien, ihn kurzzeitig zu vergessen, wird angeboten. Die Werke können von der Gruppe betrachtet, achtsam wahrgenommen werden, sollen aber nicht interpretiert werden. Manchmal wird mehr daraus: Die Verarbeitung des inneren Leides führt zum künstlerischen Ausdruck.

Leidensdruck

Menschen, die leiden, befinden sich in einer spezifischen Situation. Sie empfinden Druck, sind bedrückt, fühlen sich ausgeliefert an ein Schicksal, das ihnen das Leiden beschert. Der in diesen Situationen bestehende Leidensdruck kann sich unterschiedlich entladen oder entladen werden. Menschen können sich medizinische oder psychologische Hilfe holen. Sie können ihr Leiden integrieren und diesem Leiden Gestalt, im künstlerischen Schaffen, verleihen.

Kunstschaffen ermöglicht dem leidenden Menschen Ausdruck. Ein Bild, ein Text, der ent-

Gabriele von Lutzau, Flügel Buchenwald / Foto: Felicitas von Lutzau

steht, ist Symbol für das oft Unsagbare, was im Leben erfahren wurde. Das oft als destruktiv empfundene Leid ist Triebfeder geworden, der Bedrückte nimmt nun das Leid als etwas wahr, das etwas zu schaffen vermag. Die Beschäftigung mit Papier, Farben, Buchstaben erzeugt eine Wegwendung und eine Dezentrierung vom Leiden. Distanzierung von dem, was einen im Griff zu haben scheint, wird erfahren. Autonomie wird mit Hilfe der Kunst möglich, das heißt, es entstehen Spielräume, neue Denk- und Beschäftigungsmöglichkeiten.

Katharsis

Der Prozess der Erarbeitung, des künstlerischen Schaffens kann einer Katharsis gleichkommen. Aus der antiken Theaterphilosophie ist der Begriff *Katharsis,* der auf Deutsch mit »Reinigung, Läuterung« übersetzt werden kann, in das heutige Gedankengut in der Soziologie und Psychologie eingewandert. Die Katharsis bezeichnet, nach der Definition der Tragödie in der aristotelischen Poetik, die »Reinigung« von bestimmten Affekten. Die Zuschauer erleben das auf der Bühne stattfindende Geschehen mit. Die Wirkung, die sie als Erleben von Jammer und Schrecken auf der Bühne erfahren, ist eine Läuterung der Seele von Erregungszuständen.

Innere Reinigung kann im Miterleben von Gefühlen geschehen. Im kunsttherapeutischen Prozess ist der Mensch derjenige, der gestaltet, es ist mehr als das Miterleben. Dieser Vorgang kann zu einer inneren Reinigung führen, weil negative Gefühle über Medien wie Farbe und Ton ihren Ausdruck finden.

Läuterung wird möglich, weil sich paradoxerweise ein Raum durch das Leiden eröffnet hat, es zulässt, dass ein Stück Unabhängigkeit vom Leiden erlebt werden kann. Ähnlich der antiken Tragödie kann ein Sich-Einlassen und Sich-Hingeben auf einen künstlerischen Prozess Selbstvergessenheit spüren lassen. Die Wahrnehmung der eigenen Person verändert sich. Ein neues Gefühl für das eigene Selbst und Selbstvergewisserung können sich einstellen. Etwas anderes wird auch noch wichtig im Leben, befreit zumindest zeitweise aus der Leidensklammer.

Ein Beispiel für den genannten Prozess ist die ehemalige Stewardess Gabriele von Lutzau, die das Drama der Entführung der Landshut-Maschine durch Terroristen verarbeiten musste.

»Ihr Werkzeug sind Kettensäge und Flammenwerfer, ihre Skulpturen bis zu drei Meter groß. Die Botschaft ist immer die eine: Überleben und Leben. Die Bildhauerin wirkt wie eine Mischung aus den Schauspielerinnen Bette Midler und Sabine Postel. Sie sprudelt vor Energie, ist warmherzig, selbstironisch und zugleich verrät ihre Kunst, wie zornig und trotzig sie sein kann. Sie hat ein Heer von ›Falken‹, ›Tauben‹, ›Wächterinnen‹ erschaffen. Sie alle sollen schützen – vor den Schockwellen der Vergangenheit, die Gabriele von Lutzau, geborene Dillmann, 1977 Stewardess an Bord der von Terroristen entführten Lufthansa-Maschine ›Landshut‹, erfahren musste« (www.n-tv.de,13.10.07).

Sie war Teil des furchtbaren Geschehens, erlebte Geiselnahme und die Ermordung des Kapitäns in unmittelbarer Nähe, sie forderte die Bundesregierung in einem dramatischen persönlichen Appell über Funk zur Rettung der Geiseln auf. Seitdem lebt sie ein geschenktes Leben. Ihre Bildhauerei hat ihr die Möglichkeit gegeben, mit dem Erlebten weiterleben zu können, auch wenn die inneren Wunden bleiben. In jedem neuen künstlerischen Akt, wenn sie mit »schwerem Gerät« zum Beispiel verkohlte Baustämme bearbeitet, »bearbeitet« sie ihre Erlebnisse aufs Neue.

Kunstschaffen als Beziehungsgeschehen

Aus sich herauszutreten, indem ein Bild, eine Skulptur, ein Gedicht entsteht, bedeutet, in Kontakt mit der Außenwelt zu treten, ein Stück von sich selbst zu kommunizieren. Beziehung zu anderen kann aufgenommen werden. Ein persönliches Werk ist entstanden, ein Gegenstand, der zum Thema wird. Es ist ein Stück der eigenen Person, gleichzeitig kann man zu diesem Teil in Beziehung treten, es beinhaltet nicht die gesamte Person. Wenn dieses Werk aus persönlichem Leiden, innerem Druck entstanden ist, bietet es nun die Möglichkeit, nicht über das innere Erleben, sondern über das Erschaffene zu sprechen.

Die Reziprozität des Themas soll zumindest erwähnt werden. Das Erzeugen von Kunstwerken bringt Künstler immer wieder in notvolle Situationen. Oft können sie sich aus dem Verkauf von Kunst nicht ernähren, oder sie fühlen sich in ihrer Kunst nicht wahrgenommen und anerkannt. Nicht nur Leiden kann zu Kunstschaffen führen, auch die Kunst kann in das Leiden führen.

Wie künstlerisches Schaffen Ausdrucksform eigener Spiritualität und Werte werden kann, zeigt sich in Naemi Todjeras. Sie ist hauptberuflich Ärztin und bearbeitet ihr persönliches Erlebensspektrum in ihrem Beruf durch künstlerisches Tun. Viele Kunstwerke entwachsen dem Spannungsfeld zwischen verzehrendem Leid und makelloser Schönheit, das sie erlebt (vgl. Interview mit der Künstlerin[1]).

Leidvolle Erfahrungen, traumatische Erlebnisse können Menschen in neue Bereiche wie die Kunst führen, die ihnen vorher fremd waren. Gabriele von Lutzau ist ein Beispiel dafür. Frida Kahlo ertrug ihr Leben durch ihre völlige Hinbeziehungsweise Aufgabe an die Kunst.

Kunsttherapeutische Angebote helfen Menschen sich zu entlasten und befreien. Die Möglichkeit, sich in Material wie Farbe, Ton und Tönen auszudrücken, ist psychohygienisch für viele Menschen nutzbar und sinnvoll.

Heiderose Gärtner-Schultz ist promovierte Theologin, Logotherapeutin und Supervisorin. Sie arbeitete in unterschiedlichen Arbeitsbereichen, u. a. leitete sie die Ehe-, Familien- und Lebensberatungsstelle in Ludwigshafen. Sie publiziert Fachbücher, hält Vorträge und coacht vorwiegend im Bereich ehrenamtlicher und freiwilliger Arbeit.

E-Mail: heiderose@gaertner-schultz.de
Website: www. heiderose.gaertner-schultz.de

Literaturhinweise

Eberhart, H., Knill, P. J.: Lösungskunst. Lehrbuch der kunst- und ressourcenorientierten Arbeit. 2. ergänzte Auflage. Göttingen 2010.

Knill, P. J.: Das unvermittelbare Heilmittel oder das Dritte in der Kunsttherapie. In: Petersen, P. (Hrsg.): Ansätze kunsttherapeutischer Forschung. Berlin/NewYork 1990.

Montaperti, N. A.: Leiden schafft Kunst? Diplomarbeit Universität Wien, 2010 (othes.univie.ac.at/11325).

Schürmann, E.: Ars Vivendi – die Kunst des Anderssehens. In: Sinapius, P., Niemann, A. (Hrsg.): Das Dritte in Kunst und Therapie. Frankfurt a. M. u. a. 2011.

Anmerkungen

1 http://www.meinbezirk.at/traun/chronik/eine-kunst-die-beruehrt-interview-mit-der-kuenstlerin-naemi-todjeras-d413980.html)

Baukunst als »Ausdruck der geistigen Wirklichkeit«[1]

Hans-Jürgen Fraas

Mensch und Raum

Der Mensch ist ein Beziehungswesen, er definiert sich durch das Geflecht von Beziehungen, in denen er steht. Dabei denkt man in erster Linie an das Du, den Anderen, den Mitmenschen, auch an die Rollen, die wir darstellen. Das In-Beziehung-Stehen oder In-Beziehung-Treten gilt aber auch für die Gegenstandswelt, die Welt der Dinge, die uns umgeben, das »Zuhandene«, wie Heidegger es nennt. Und es gilt, logisch gewissermaßen noch vorher, als Voraussetzung für alles weitere, auch für den Raum: Der Mensch tritt in ein Verhältnis zu dem Raum, in dem er sich bewegt, in dem er lebt. Treffend drückt das O. F. Bollnow aus: »Der Mensch befindet sich nicht im Raum, wie ein Gegenstand sich in einer Schachtel befindet, und er verhält sich auch nicht so zum Raum, als ob zunächst etwas wie ein raumloses Subjekt vorhanden wäre, das sich hinterher auch zum Raum verhielte, sondern das Leben besteht ursprünglich in diesem Verhältnis zum Raum und kann davon nicht einmal in Gedanken abgelöst werden« (1963, S. 23). »Raum ist der Spielraum«, fährt er fort, »den der Mensch braucht, um sich frei zu bewegen. Raum wird durch menschliche Ordnung geschaffen und geht verloren durch menschliche Unordnung« (S. 37).

Der Mensch ist also verantwortlich für die Gestaltung seiner Räume. Diese Aktivität ist Ausdruck seines Selbstwertgefühls, er schafft sich die Stil-Elemente, nach denen er sein Leben zu führen gedenkt und die seinen Wertvorstellungen Ausdruck geben. Das gilt für den Städteplaner, den Landschaftsgärtner, das gilt für jeden, der sich seine Wohnung, sein Umfeld einrichtet.

Erschaffer und Gestalter von Lebensräumen sind in erster Linie die Architekten, die Baumeister. »Unsere Städte, Dörfer und Quartiere«, so schreibt Hans Busso von Busse, Architekt nicht nur beispielsweise des Franz-Josef-Strauß-Flughafens, sondern auch namhafter Kirchen, »die Straßen, Plätze und Häuser sind Räume und Raumfolgen, in denen Menschen leben und arbeiten, in denen sie feiern, einander begegnen, miteinander leben, in denen Kinder aufwachsen« (Busse 1990, S. 39, 43). »Wohlbefinden und Geborgenheit, Identität und Lebensfreude«, so von Busse weiter, »auch Selbstwert und Menschlichkeit hängen in hohem Maß von der Qualität dieser Räume ab« (S. 39). Räume und ihre Gestaltung nehmen Einfluss auf das soziale und politische Verhalten der Bürger, auf das Wertbewusstsein, so wie sie Ausdruck der Lebensverhältnisse sind. Schulräume etwa vermitteln dem Kind eine ganz bestimmte Haltung, die von ihm erwartet wird und die dem jeweiligen pädagogischen System entspricht – im autoritären Zeitalter waren Unterrichtsräume anders gestaltet, sie strahlten einen anderen Geist aus, als sie das glücklicherweise heute tun.

Kunst und Moralität sind nach Meinung von Busses nicht voneinander zu trennen. Die Kunst ist Niederschlag des Bewusstseins dessen, der sie ausübt, und sie überträgt über die Stimmung, die sie auslöst, dieses Bewusstsein auf andere. Das gilt in hohem Maß für die Baukunst. In der Architektur spiegelt sich die Gesellschaft. Die Stadt ist Lebensraum, die Straße der Ort der Begegnung, des Gesprächs, des Spielens, des Sehens und Gesehenwerdens. Schule oder Kindergarten, Krankenhaus oder Bibliothek, Museum oder

Leidfaden, Heft 2/2014, S. 8–16, © Vandenhoeck & Ruprecht GmbH & Co. KG, Göttingen, 2014, ISSN 2192-1202

Dresdner Frauenkirche, 1893/akg-images

Der Bau der Frauenkirche. Er verkörpert das demokratische Element des Protestantismus, der von seinen Wurzeln her aufs engste mit dem erstarkenden Bürgertum verbunden ist, das nun auch im geistlichen Bereich Eigenverantwortung übernimmt.

Bahnhof, Büro oder Disco teilen die Wirklichkeit auf in Lernräume, Erholungsräume, Kommunikationsräume und Rückzugsräume und geben einem jeden dieser Räume eine spezifische Gestimmtheit, eine anziehende oder abstoßende Atmosphäre.

Der Kulturraum Europa verleiht uns kulturelle Identität. Seine Geschichte beschämt unsere geistige Enge. An der Wiege unserer Kultur stehen das alte Israel, Ägypten, Mesopotamien. Muslime haben die Architektur in Spanien, Süditalien, Sizilien mitgestaltet. Europas Identität ist nicht statisch, sondern dynamisch. Sie entwickelt sich ständig weiter. Alle diese Elemente schlagen sich nicht zuletzt in Bauten nieder, Architektur verkörpert unsere Identität, stellt sie uns vor Augen. Wir befinden uns auf dem weiten Weg vom Höhlendasein zum globalen Weltgefühl.

Aber gerade in einer globalisierten Welt wird Stabilität in der individuellen Lebenslage zu einem zentralen Bedürfnis. Die Globalisierung braucht das Lokale, braucht unsere Städte und Dörfer in ihrem spezifischen architektonischen Charakter, braucht unsere Burgen und Schlösser, unsere Bürgerhäuser und Rathäuser, braucht auch unsere Zweckbauten, die vom Beginn und der Entwicklung der Industrialisierung zeugen, und sie braucht unsere Kirchen in ihren unterschiedlichen architektonischen Aussagen wie auch deren Symbolgehalt.

Bauwerke können in ihrer Imposanz Macht und Herrschaft symbolisieren (im Wandel der Epochen können das Zwingburgen oder Kasernen, aber auch Regierungsgebäude oder Banken sein), aber auch Geborgenheit, Behaustheit, Privatheit, Freiheit. So entstehen seit der Renaissance Rathäuser, Bürgerhäuser, Geschäftshäuser als Ausdruck eines neuen Sozialgefüges, als Machtdarstellung des aufsteigenden Bürgertums. Architektur kann unnahbare Strenge (Tower), ideologische Düsternis (Escorial) oder aufklärerische Offenheit (Sanssouci) verkörpern.

Die bloße Funktionalität des Raumes liefert den Menschen der »kommerzialisierten Wirklichkeit und Wohlstandshybris« aus, wie von Busse gewisse Zeiterscheinungen nennt. Er spricht von der »Unwirtlichkeit unserer Städte« und einer »verkürzten Architektur« als Pendant für die Verkürzung des Menschen auf das Vordergründig-Funktionale, die wiederum auf das Verhalten derer einwirke, die dem ausgesetzt sind. »Könnte es nicht sein«, fragt er, »dass diese verkürzte, weil zweck-rationale Umwelt die Sensibilität des Menschen für Zeichen und Symbole verschüttet? Dass er einen Teil seiner Menschlichkeit dadurch bereits verloren hat?« (Busse 1990, S. 37).

So kommt er auf den »geistigen Gehalt der Baukunst«. Sie muss eine »Ahnung davon freisetzen, was wahr, was gültig, was von Dauer sein kann in diesem Dasein«. Architektur wird hier zu einer Form der »Übermittlung von Vorstellungen und Visionen«. Das reicht ins Geistig-Spirituelle hinein. Romano Guardini sagt: »Raum – das ist keine Leere, das ist Stille, und in dieser Stille ist Gott« (zitiert nach Busse 1997, S. 96).

Auch Kirchenräume haben ihre eigene Symbolik. Sie können Ehrfurcht und Anbetung ausdrücken, Furcht und Hoffnung auf das Jenseits, sie können in ihren dämmerig-romanischen Gewölbestrukturen Geborgenheitsgefühle vermitteln, sie können als gotische Dome kühle Distanz, die Überlegenheit des Transzendenten oder in üppig-barocker Ausgestaltung die Schönheit der Schöpfung als Vorahnung himmlischer Herrlichkeit symbolisieren, sie können als moderne Versammlungsräume der Gemeinde mehr das soziale Miteinander in den Vordergrund stellen und so weiter.

Es ist typisch, dass die sozialistischen Neugründungen von Städten keine Kirchenbauten vorsahen. Denn Kirchen relativieren in ihrem Hinweis auf die Transzendenz, auf die »Wohnung Gottes unter den Menschen« die Macht der Machthabenden. Ein markantes Beispiel für den symbolischen Aussagecharakter von Kirchenbauten ist die Dresdner Frauenkirche.

Die Dresdner Frauenkirche als Ausdruck des Bürgerwillens

Mit dem Augsburger Religionsfrieden von 1555 hatten die Landesherren die Freiheit gewonnen, sich für eine der beiden »Religionen« (so sagte man), den Katholizismus oder die Kirchen der Augsburgischen Konfession, zu entscheiden. Die Religionsfreiheit als ein typisches Menschenrecht der Moderne galt also nur für den Landesherrn, während die Bevölkerung nach dem Prinzip »cuius regio, eius religio« an dessen Entscheidung gebunden war. Der Westfälische Frieden von 1648 hatte diese Situation festgeschrieben.

Für Sachsen als Ursprungsland der Reformation war der zunächst aus gutem Grund geheim gehaltene Schritt Augusts des Starken (Kurfürst Friedrich August I.), am 2. Juni 1697 um der polnischen Königskrone willen zum Katholizismus überzutreten, schockierend. Wiewohl August tolerant war und der lutherische Glaube des Landes nicht angetastet wurde (diese Zusage wurde ihm mehr oder weniger abgerungen), blieb die Konversion des Herrscherhauses für die sächsischen Bürger ein Anstoß und versetzte sie in tiefe Trauer. »Die Stände«, so schreibt der Biograph Augusts des Starken, Georg Piltz, »traten ohne Erlaubnis des Kurfürsten zusammen und bekannten sich lautstark zu der im Land gültigen lutherischen Konfession. [...] Die Gemeinden strömten in die Kirchen und sangen den alten Choral ›Erhalt' uns, Herr, bei deinem Wort‹« (Krull und Zumpe 2001, S. 23). Als August im Jahr 1717 die bereits 1712 geschehene und vorerst geheim gehaltene Konversion auch des Kurprinzen bekannt geben ließ, war der Sturm der Entrüstung noch größer.

Demgegenüber schlägt sich das demokratische Element des Protestantismus in der mit dem erstarkenden Bürgertum verbundenen Eigenverantwortung der Bürger nieder, und zwar in der Gestaltung der Frauenkirche. Die Frauenkirche stammte aus dem 11. Jahrhundert, sie war als älteste Kirche der Stadt Ausgangspunkt der Missionierung slawischer Siedlungen gewesen. Bereits Ende des 17. Jahrhunderts machte sich aber ein Neubau nötig, da der alte Raum angesichts der anwachsenden Bevölkerung der ihr zugehörigen Dörfer Wachwitz, Loschwitz, Tolkewitz, Laubegast und anderer viel zu klein geworden war.

Im Jahr 1722 wurde vom Rat der Stadt mit Zustimmung des Kurfürsten der Neubau beschlossen. Den Auftrag erhielt der Rats-Zimmermeister George Bähr (60 Jahre, seit 1705 im Dienst der Stadt) für die Holzarbeit. Ihm wurde der Rats-Maurermeister Gottfried Fehre zugesellt. Ein erster Entwurf 1722 und ein zweiter 1724 wurden aus Kostengründen abgelehnt, 103.000 Taler waren veranschlagt. Vor allem wurde aber auch bezweifelt, dass die kühne Kuppelkonstruktion halten könne; so wurden Gutachten über Gutachten angefordert. 1726 wurde mit der Arbeit begonnen, 1727 wurde die alte Kirche abgebrochen.

Im Jahr 1738 beauftragte dann konsequenterweise Kurfürst Friedrich August II. (als polnischer König August III.) nach langer Geheimhaltung seiner Absichten den römischen Architekten Chiaveri mit Planung und Ausführung einer katholischen Hofkirche als Pendant zum Geschehen innerhalb des Bürgertums.

Der Bau der Frauenkirche war ein »Akt protestantischen Selbstbewusstseins gegenüber dem katholischen Hof und seinem König« (Krull und Zumpe 2001, S. 33). Aus Misstrauen gegenüber dem bürgerlichen Rat der Stadt gab das Oberkonsistorium den Entwurf für den Bau an den König weiter mit der Bitte, eine Kommission einzusetzen, da den Bau »in des Rats Händen allein zu lassen nicht ratsam wäre«. Jedoch hielten sich die angeblichen Intrigen des Oberlandbauamts gegen Bähr und die Vertreter der Stadt in Grenzen. Immerhin gab es Streitigkeiten. Der Plan sah sieben gleichgestaltete Portale vor; ein Vorschlag Augusts, eine besondere Prunkpforte zum Hof hin anzulegen, wurde von der Bürgerschaft abgelehnt. Nicht höfische Pracht, nicht bischöfliche Macht sollte der Bau symbolisieren, sondern des Volkes Stimme, das bürgerliche Selbstbewusstsein.

Der barocke Entwurf in Gestalt eines griechischen Kreuzes entsprach den Anforderungen des lutherischen Gottesdienstes. Predigt, Abendmahl in beiderlei Gestalt und Gemeindegesang (Orgel) stehen im Mittelpunkt. Das führt zum Zentralbau, der die Gemeinde im Sinn des allgemeinen Priestertums gleichberechtigt um das Wort Gottes vereint, mit Altar, Kanzel (aus akustischen Gründen an den Pfeiler gerückt) und Orgelprospekt in der Mittelachse des Chorraums. Die »Betstuben« der Emporen sind das bürgerliche Pendant zur Hof- oder Patronatsloge.

Die allgemeine rege Bautätigkeit jener Jahre durch Hof und Adel machte es dem Rats-Maurermeister Fehre schwer, Bauarbeiter und Baugeräte beziehungsweise Transportmittel zu beschaffen. Dass Fehre binnen kurzem weit über einhundert Mann zusammenbrachte, sodass der Rat in den ersten vierzehn Tagen kaum die Löhne auszahlen konnte, darf man der bürgerlichen Begeisterung zugute schreiben. Mit ganzen 3.000 Talern unterstützte August der Starke den Bau – Graf Brühl erwies sich schon großzügiger mit 28.000 Talern, allerdings nicht seines eigenen Vermögens, sondern einer Kollekte für die Salzburger, die aus religiösen Gründen emigriert waren, inzwischen Sachsen aber ohne Inanspruchnahme des Geldes bereits wieder verlassen hatten.

Dr. Valentin Ernst Löscher als Geistlicher, Superintendent und Mitglied der vom König eingesetzten Baukommission hielt bei der Grundsteinlegung die Festpredigt, in der er dankte, »dass der heißeste Wunsch der Dresdner Bürgerschaft nun in Erfüllung gehen sollte« (Krull und Zumpe 2001, S. 33). 1734 wurde der Neubau geweiht, der 1743, mit der Laterne bekrönt, vollendet war.

Auf dem Hintergrund der konfessionellen Spannungen zwischen dem Volk und dem Hof gewinnt das städtische Unternehmen eine besondere zusätzliche Bedeutung. Als Pendant zur Hofkirche kann man den Bau der Frauenkirche umso mehr als Symbol protestantischen Bürgersinns sehen. Er verkörpert das demokratische Element des Protestantismus, der von seinen Wurzeln her aufs engste mit dem erstarkenden Bürgertum verbunden ist, das nun auch im geistlichen Bereich Eigenverantwortung übernimmt. Luthers Gedanke vom allgemeinen Priestertum, der Selbstverantwortung der Gemeinde unter Beteiligung eines jeden Christen, hatte nach zweihundert Jahren tiefe Wurzeln geschlagen und war von den Menschen in ihrem aufkommenden bürgerlichen Selbstbewusstsein voll übernommen worden. Die Ausmaße der Kuppel der Frauenkirche in der Stadtsilhouette zeugen vom Selbstbewusstsein des Bürgertums in seiner zeitgenössischen gesellschaftlichen Bedeutung. Georg Dehio schreibt 1905: »Es ist der an schöpferischen Gedanken reichste unter allen Versuchen, ein dem evangelischen Gottesdienst gemäßes Gotteshaus zu schaffen. Diese Kuppel unterscheidet sich von allen großen Kuppelgestaltungen der Neuzeit – Florenz, Rom, London, Paris, Venedig – durch ihren glockenförmigen steilen Aufbau. Die Dresdner Kuppelform ist einmalig in der Architekturgeschichte.«

Die spezifische Raumgestalt der Kuppel erschließt sich auch als Klangerlebnis. Am 1. Dezember 1736 spielte J. S. Bach auf der neuen Silbermann-Orgel vor überfüllter Kirche in Anwesenheit Silbermanns. Gut einhundert Jahre später inspirierte der Kuppelraum Richard Wagner zu seiner Komposition »Das Liebesmahl der Apostel«, deren Wirkung dadurch erreicht wurde, dass die Chöre auf verschiedenen Emporen in unterschiedlicher Höhe postiert waren.

Die preußische Belagerung im Siebenjährigen Krieg (1760) hat der Kuppel nichts anhaben können: »Lasst den ollen Dickkopp stehen!«, soll Friedrich II. befohlen haben, nachdem sie der Beschießung Stand gehalten hatte.

Die Frauenkirche als Symbol von Trauer und Hoffnung[2]

Nicht so im Zweiten Weltkrieg. Im Angriff der britischen und amerikanischen Luftflotte vom 13. auf den 14. Februar 1945 war die Kuppel zunächst

Ruine der Frauenkirche in Dresden mit Luther-Denkmal / Bundesarchiv, Bild 183-60015-0002 / Giso Löwe / CC-BY-SA 3.0

Für die Trauer ist es wichtig, einen Ort zu haben, zu dem man seine Gefühle tragen kann, einen symbolischen Ort für alle Toten jener Nacht, alle Toten dieses unsäglichen Krieges, alle Toten aller Kriege überhaupt.

stehengeblieben – dreihundert Menschen hatten in der Unterkirche überlebt. Am Vormittag des 15. Februar aber, um 10.15 Uhr, stürzte sie infolge des Brandes des Gestühls und der daraus sich entwickelnden Hitze ein.

Die Ruine war eindrucksvoll, die in sich zusammengesunkene Kuppel, ein dreizehn Meter hoher Trümmerhaufen zwischen zwei pfeilerartigen Mauerresten links und rechts. Die Dresdner CDU (die sozialistische Block-Partei) stimmte 1950 gegen den Abriss der Ruine. Dennoch nahm sie W. Ulbricht bei einem Besuch in Dresden 1953 aus dem Modell des am Wiederaufbau orientierten Stadtplans heraus, aber der Abriss war zu teuer. Der Denkmalpfleger Hans Nadler setzte sich von vornherein für das Verbleiben ein. 1986 erklärte E. Honecker ihren Wiederaufbau zur Aufgabe künftiger Generationen. Fernab noch von einem Gedanken der Rekonstruktion wurde zunächst gerade die Ruine von der Bevölkerung angenommen. Im Jahr 1966 wurde sie zum Mahnmal erklärt.

Nach ihrer Zerstörung war die Frauenkirche niemals nur ein toter Mauerrest. Sie war vielmehr lebendige Gedächtnisstätte für die Toten des 13. Februar 1945, eine Stätte, an der Tausende Blumen niederlegten und Kerzen aufstellten. Als solche vereinte sie die Dresdner, Christen und Nichtchristen, in den Jahren des Sozialismus gewissermaßen als symbolischer Konzentrationspunkt ihrer Trauerarbeit. Für die Trauer ist es wichtig, einen Ort zu haben, zu dem man seine Gefühle tragen kann, einen symbolischen Ort für alle Toten jener Nacht, alle Toten dieses unsäglichen Krieges, alle Toten aller Kriege überhaupt. Für die Trauer ist es wichtig, eine symbolische Handlung zu vollziehen, sich auf den Weg zu machen, eine Kerze anzuzünden und niederzustellen. Und es ist wichtig, sich zusammenzuschließen mit Gleichgesinnten, Gemeinschaft zu erleben.

Ab 1982 verband sich das Gedenken mit der Friedensbewegung. Gerade in der letzten Phase der DDR versammelten sich regelmäßig am 13. Februar von Hof- und Kreuzkirche kommende, also ökumenisch orientierte Prozessionen vor der Ruine, um gemeinsam Kerzen des Gedenkens zu entzünden. Auch nach der Wende kamen jährlich rund 10.000 Menschen zur Weihnachtsvesper in der Unterkirche zusammen.

Seit einigen Jahren wird der 13. Februar von rechtsradikalen Gruppen missbraucht, um nationalistisches und revanchistisches Gedankengut zu schüren. Dieser Missbrauch löst zwangsläufig Gegendemonstrationen aus und führt zu einem entsprechenden Polizeiaufgebot, um Gewalttaten zu verhindern. Das irritiert die altersbedingt abnehmende Gruppe derer, die noch immer und weiterhin ihrer Toten in Stille zu gedenken suchen.

Dem Festhalten an der Ruine stand eine andere Tendenz entgegen, die Tendenz zum Wiederaufbau. Zwar waren diese Pläne für lange Zeit umstritten. Ein Wiederaufbau, so lautete die Argumentation, sei doch nur eine Kopie der Geschichte. Noch im Jahr 1991 erklärten sich 90 Prozent aller Bundesdenkmalschützer der Bundesrepublik (außer aus Bayern und Hamburg) wie auch alle Denkmalbeauftragten der Landeskirchen gegen den Wiederaufbau: Man solle die Ruine als Andachtsstätte und Mahnmal gegen den Krieg erhalten.

Aber der Gedanke des Wiederaufbaus setzte sich durch. Er wurde nicht so sehr als eine kulturpolitische Aufgabe des Staates gesehen, sondern wiederum als Ausdruck des Willens der Bürger, die zu ihrer Geschichte, zu »ihrer« Frauenkirche stehen. So aktualisierte die Rekonstruktion der Frauenkirche als Pendant zum Wiederaufbau des Dresdner Schlosses gewissermaßen das Geschehen aus dem 18. Jahrhundert. Bereits für das Jahr 1945 schrieb im Rückblick D. Nadolski: »Es kann als ein Indiz für die enge Eindung der Bürger an das spätbarocke Bauwerk gelten, wenn schon wenige Monate nach Kriegsende, im August 1945, das Landesamt für Denkmalspflege die Chancen für die Wiedererrichtung untersuchte« (1998, S. 73).

Der Wille der Mehrheit der Bürger, die Spendenbereitschaft einer überwältigenden Anzahl von Privatpersonen, auch von Nicht-Dresdnern, die sich mit dieser Aktion solidarisierten, rechtfertigten den Entschluss. Im Herbst 1989 gründeten zehn Dresdner im Haus eines Kunsthändlers eine Bürgerinitiative und einen Förderverein, die »Gesellschaft zur Förderung des Wiederaufbaus der Dresdner Frauenkirche e. V.«. Am 13. Februar 1990 sandten sie einen Hilferuf an die ganze Welt, den »Ruf aus Dresden«. Dresdner Kulturinstitutionen traten an die Spitze der Bemühungen, die Staatskapelle, die Philharmonie, der Kreuzchor, der weltweit bekannte Trompeter Ludwig Güttler. Die Frauenkirche wird zu einem Symbol des Aufbruchs, das an das Symbol des Gedenkens anknüpft. Der Denkmalpfleger Hans Nadler und Ludwig Güttler stehen an der Spitze der Bewegung – und leisten Überzeugungsarbeit. Besucher aus aller Welt, die voller Anteilnahme zur Baustelle pilgern, sind nicht allein von der architektonischen Leistung tief beeindruckt.

Im Jahr 1993, unter Baudirektor Eberhard Burger, begann der Aufbau mit der Registrierung der Fundstücke, die in einer Spezialanlage gespeichert wurden, um möglichst exakt in den Neubau eingegliedert zu werden. Die Sicherung der Ruine umfasste 8.390 Fassadensteine, 91.500 Hintermauersteine, die als alte Steine erkennbar bleiben sollten. Es war den Verantwortlichen wichtig, die Kontinuität zu dokumentieren und das Zusammentreffen von Alt und Neu sichtbar werden zu lassen. Der Neubau besteht zu 44 Prozent aus alter Bausubstanz. Der Altar wurde aus circa 2000 Bruchstücken zusammengesetzt. So bleibt auch in der neuen Gestalt die Geschichte dauerhaft präsent. Alte Techniken werden angewandt, man weiß im Voraus nicht, wie der Bau weiterzuführen sein wird, von Abschnitt zu Abschnitt erst zeigen sich die Möglichkeiten. Alte Handwerkskünste sind wiederzuentwickeln, alte Farben werden rekonstruiert. Handwerker arbeiten in Überstunden und teils unentgeltlich; es ist gewissermaßen eine Ehre, dabei zu sein. Das Material ist allein Stein, auf Stahlbeton wird verzichtet.

Im Jahr 1996 wurde die Unterkriche geweiht, am 13. Februar 2000 erfolgte die Übergabe des Turmkreuzes, 2003 die Glockenweihe in Anwesenheit von 45.000 Menschen, beim Aufsetzen der Turmhaube waren 65.000 Menschen gegenwärtig, am 22. Juni 2004 ist die äußere Gestalt vollendet. Die Wiederweihe am 30. Oktober 2005 (ein Jahr früher als geplant) ist ein überregionales Ereignis, nicht nur im Hinblick auf die ästhetische Bedeutung des Baus (der Canaletto-Blick, die Silhouette der Stadt vom gegenüberliegenden Ufer von 1748 ist nun wieder vollständig), sondern vor allem als erneuter Ausdruck des bürgerlichen Selbstbewusstseins.

Letzteres zeigt sich auch in der Finanzierung. Sie war mit 126 Millionen Euro veranschlagt, die Endsumme steigerte sich auf 179,9 Millionen. Mehr als 100 Millionen Euro Spenden sind eingegangen. Das Bemühen um das Eintreiben von Spendengeldern war ebenso imposant wie die breite, umfassende Spendenbereitschaft von Institutionen und Privatpersonen. So spendete Ludwig Güttler das Preisgeld für den Nationalpreis, den er in der DDR erhalten hatte, als »Startkapital«.

Man kann Betrachtungen darüber anstellen, welche Motive zu der alle Erwartungen übertreffenden Spendenleistung geführt haben mögen. Hinter diesem Engagement mag der aus der

Die Frauenkirche wird zu einem Symbol des Aufbruchs, das an das Symbol des Gedenkens anknüpft.

Neu aufgebaute Dresdner Frauenkirche / INTERFOTO / David Robertson

Vernichtung geborene Protestwille stehen, der Protest gegen den mörderischen Krieg, gegen die Zerstörung der Kulturgüter, gegen den Geschichts- und Identitätsverlust der Gegenwart. Es wird bei alledem in Rechnung zu stellen sein, dass, mehr unbewusst als aus exaktem historischem Wissen, etwas präsent ist und mitschwingt von diesem Selbstbewusstsein des »Bürgers«, heute nicht mehr als Begriff einer Klassengesellschaft, gleichwohl aber in der Konsequenz einer emanzipatorischen Bewegung, die damals im 18. Jahrhundert ihren Anfang nahm und im mündigen Staatsbürger von heute ihre angemessene Ausprägung findet. Die »steinerne Glocke« steht für Demokratie und Freiheit, für praktizierte Selbstbestimmung, für die christlich-abendländische Geschichte und Wertkultur in der Gestalt individuell-bürgerlicher Verantwortung, die in unterschiedlichen Situationen unterschiedliche Formulierung annehmen kann wie »wir sind Kirche«, »wir sind Gemeinde«, »wir sind das Volk«.

Bedeutsam ist, dass sich unter den ersten Spendern emigrierte Juden fanden. Auch die ehemaligen Kriegsgegner beteiligten sich. Bemerkenswerterweise kamen aus Großbritannien über den »Dresden Trust« unter Vorsitz von Alan Russel 1,4 Millionen Euro; Elisabeth II. spendete aus ihrer Privatschatulle in unbekannter Höhe. Auch die Gesellschaft »USA Friends of Dresden« (Vorsitz Prof. Dr. Günter Blobel) spendete, ebenso die polnische Stadt Gostyn, deren Bürger teilweise in Dresden hingerichtet worden waren. Der Nobelpreisträger Blobel gab 1,6 Millionen Euro aus seinem Preisgeld. Das Kuppelkreuz wurde von Paul Oestreicher, dem Domkapitular von Coventry unter Finanzierung des »Dresden Trust« 1998 bei einer Londoner Silberschmiede in Auftrag gegeben, leitender Goldschmied war der Sohn eines Bomberpiloten vom Angriff am 13. Februar 1945, am 13. Februar 2000 wird das Kuppelkreuz in Dresden vom Herzog von Kent übergeben. Zwischen Dresden und Coventry ergibt sich eine besondere partnerschaftliche Beziehung, die Frauenkirche wird zum symbolischen Zeichen der Versöhnung.

Heute bietet die Kirche den Raum für geistliche Konzerte von zwanzig Minuten von Montag bis Samstag jeweils um 12 Uhr, für Orgelandachten um 18 Uhr. Neben den sonntäglichen Gottesdiensten um 11 und um 18 Uhr steht ein Andachtsraum ständig offen. Die Frauenkirche bietet die Möglichkeit als Tagungs- und Begegnungsstätte für den Dialog zu Frieden und Versöhnung. Die »steinerne Glocke« steht als Symbol für Trauer und Hoffnung in düsterer Zeit, für Anklage und Versöhnung, für sinnlose Zerstörung und das neue Leben, das aus den Ruinen blüht.

Prof. Dr. Hans-Jürgen Fraas, geboren in Dresden, Theologe, war von 1969 bis 1980 Professor für Religionspädagogik in Augsburg und von 1980 bis zu seiner Emeritierung 2000 an der Evangelisch-Theologischen Fakultät der Ludwig-Maximilians-Universität in München mit den Arbeitsschwerpunkten Bildungstheorie und Religionspsychologie.

E-Mail: juergen.fraas@evtheol.uni-muenchen.de

Literaturhinweise

Bollnow, O. F.: Mensch und Raum. Stuttgart 1963.

Busse, H. B. von: Wahrnehmungen. Standpunkte zur Architektur. Stuttgart/Zürich 1990.

Busse, H. B. von: Gedanken zum Raum, Wege zur Form. Stuttgart/Zürich 1997.

Dehio, G.: Handbuch der Deutschen Kunstdenkmäler, Bd. 1. Berlin 1905.

Dresdner Geschichtsverein (Hrsg.): Dresdner Hefte Nr. 71: Die Dresdner Frauenkirche. Geschichte ihres Wiederaufbaus. Leipzig 2002.

Krull, D., Zumpe, D.: Memento Frauenkirche. Berlin 2001.

Nadolski, D.: Die Frauenkirche zu Dresden. Leipzig 1998.

Piltz, G.: August der Starke. Berlin 2001.

Anmerkungen

1 Busse 1997, S. 96.
2 Nadolski 1998, S. 73.

Geflügelte Gelassenheit – Paul Klees Engelzeichnungen

Ingrid Riedel

Es ist nicht allgemein bekannt, dass Paul Klees wundervolle Serie von Engelzeichnungen, die vor allem zwischen 1938 und 1940 entstanden, zugleich eine Vorbereitung auf das Sterben ist, die Antwort eines schöpferischen Menschen auf die seit 1937 über ihn hereinbrechende lebensbedrohliche Krankheit, der progressiven Sklerodermie. Sie verhärtet sklerotisch nicht nur Haut und Hände, sondern befällt auch die inneren Organe und gilt als unheilbare Erkrankung. Von 1937 an, seinem 57. Lebensjahr, sah Paul Klee seinem Tod entgegen, der ihn drei Jahre später, im Mai 1940, einholen sollte.

Im Angesicht dieser Krankheit und des nahen Todes also schaute er – mit den inneren Augen des Künstlers – seine Engel. Mit diesen einfachen Bleistiftzeichnungen in kleinen Formaten sind Übergangsstadien eines Menschen im Zwischenreich von Leben und Tod gestaltet, symbolisiert. Da geht es zum Beispiel – Klees Bildbenennungen sind sprechend – von einem *Engel im Kindergarten* über einen *Vergesslichen Engel* über die *Krise eines Engels* bis zum *Engel voller Hoffnung*.

Schon die für Engel recht ungewöhnlichen, sehr menschennahen Benennungen legen nahe, dass es sich bei dem Engel, der in diesen Zeichnungen in Erscheinung tritt, zunächst um den »inneren Engel« in Paul Klee geht, der angesichts der lebensbedrohlichen Krise in ihm erwacht und immer bewusster wird. Der »Engel in ihm« wird gleichsam als sein Bezug zur Transzendenz erfahren; er entwickelt sich, erleidet Rückschläge, wird als »unfertiger«, ja als »Missengel« erlebt und vermag sich doch immer weiter zu entfalten, seinen Weg zu finden, bis hin zu dem mit spürbarem Lächeln gestalteten Bild *Letzter Erdenschritt*, bei dem der Schritt so weit ausgeholt wird, dass das enge Erdenkleid des dargestellten Engelwesens zu zerreißen droht.

Der feine Humor, der diese wie viele andere seiner Engelbilder charakterisiert, ist überhaupt das Überraschendste, wohl Einzigartige an Paul Klees Engelvorstellung – als seine Transzendenzerfahrung, wie man wohl ergänzen darf, angesichts der fortschreitenden tödlichen Krankheit. Humor zu haben heißt immer auch, einen feinen, bewussten Abstand zum Geschehen gewonnen zu haben, der Reflexion, Imagination und Gestaltung ermöglicht, als gäbe es in Bezug auf die körperlichen Vorgänge ein Darüberhinaus, das erlaubt, eine Symbolisierung zu finden, eine Deutung.

So sind es doch nicht nur die menschlichen Übergangserfahrungen in diesem Zwischenreich von Leben und Tod, die in Klees Engelbildern zum Ausdruck kommen, sondern es sind transzendente Energien selbst – Engel genannt –, die den Maler anrühren und ihn, an seiner dynamisch sich wandelnden Strichführung abzulesen, in eine wirkliche Transformation treiben. Im Zeichenvorgang nimmt er diesen Verwandlungsprozess an sich selbst wahr und vergewissert sich seiner immer neu: mit Verwunderung, mit Verlegenheit auch, mit Staunen und zuweilen mit einer verzweiflungsnahen Ratlosigkeit: *Woher? Wo? Wohin?*, wie er eine seiner Zeichnungen benennnt. Dabei nimmt er sowohl die zuweilen tragikomischen Umstände seiner inneren und äußeren Verfassung wie auch den tiefen Ernst und die Realität dieses Verwandlungsvorgangs wahr.

So können wir in Paul Klees Engelzeichnungen Stadien und Konfigurationen seiner eigenen »En-

Leidfaden, Heft 2 / 2014, S. 17–20, © Vandenhoeck & Ruprecht GmbH & Co. KG, Göttingen, 2014, ISSN 2192-1202

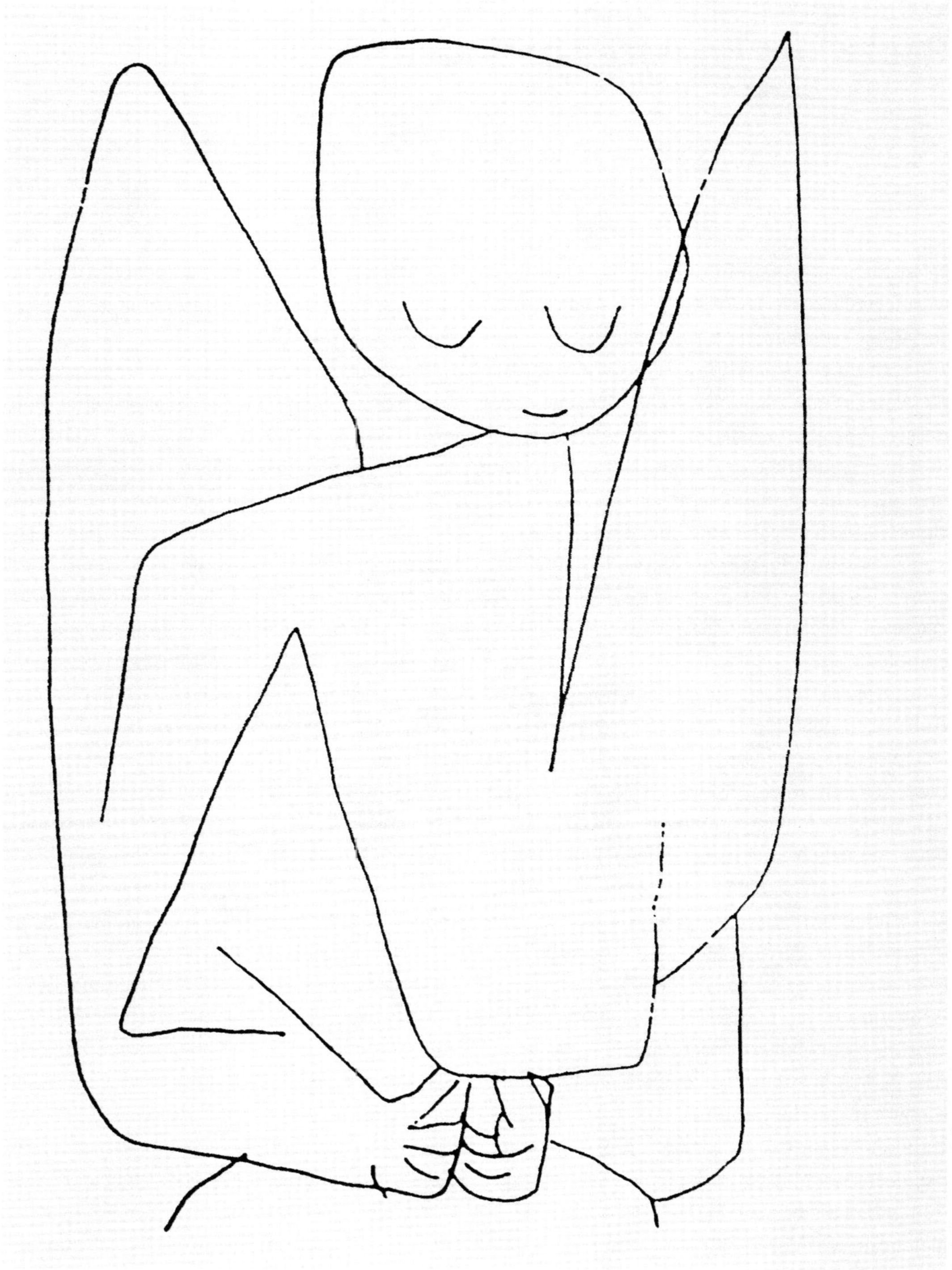

Paul Klee, Vergesslicher Engel, 1939

Der feine Humor, der diese wie viele andere seiner Engelbilder charakterisiert, ist überhaupt das Überraschendste, wohl Einzigartige an Paul Klees Engelvorstellung.

gelwerdung«, um den Ausdruck zu wagen, sehen und erkennen, zugleich seiner »Selbstwerdung« unter dem Andringen transzendenter Kräfte und Mächte – wie sie auf der Schwelle zwischen Leben und Tod für jeden Menschen erfahrbar werden können. Hier kann einen das tiefere, wahre Selbst rufen, über alles bisherige, über die Belange des kleineren Alltags-Ichs hinaus zu gehen und zum Wesentlichen zu kommen. Unser tieferes Selbst kann uns, wie C. G. Jung es beschreibt, ein Leben lang begleiten, steht uns dabei aber gegenüber wie ein Du und vermag uns in entscheidenden Situationen wie ein Engel gegenüberzutreten – so wie man glaubte und glaubt, im Leben von einem Schutzengel begleitet und im Tod mit ihm vereint zu werden. Der Maler Chagall kannte ein Gebet in diesem Sinne: »Lass mich dein Engel werden, schwach wie ich bin.«

Geht es bei den Engelzeichnungen Klees anfangs mehr um die Brückenfunktion des Engelsymbols überhaupt, das die Gegensätze von Leben und Tod, von Loslassen und Schaffensfreude verbinden kann, dazu auch die Gegensätze zwischen der seinerzeit weltweiten Anerkennung dieser Kunst und deren Verfemung in Nazi-Deutschland – so geht es letztlich bei der Gestaltung des Engelsymbols doch immer mehr um die schrittweise Verwandlung der ganzen Person Paul Klees in den »inneren Engel«, in seinen Wesenskern.

Um einen solchen Wandlungsweg mag es für eine jede, einen jeden von uns Menschen gehen, wenn lebensbedrohende Krankheit oder gar nahender Tod uns zum Wesentlichen rufen. Durch Malen und Zeichnen – und mag es ungeübt und der Kinderzeichnung so nahe sein, wie übrigens auch Klee ihr war – kann eine jede und ein jeder sich seinen entsprechenden inneren Weg bewusst machen und imaginierend daran mitgestalten. So konnte ich im Rahmen meiner beruflichen therapeutischen Tätigkeit so manche Menschen in schweren krankheits- und todesnahen Zuständen noch zum Skizzieren ihrer inneren Bilder anregen und dabei manches Berührtwerden durch einen unvermuteten Sinnhorizont miterleben.

Bei Paul Klee sind das Durchdringen von Leidenszuständen und die Annäherung an das Sterben in charakteristischen Phasen zu erkennen, auch wenn dabei die Phasen ineinander übergehen: die Zustände des Nicht-wahrhaben-Wollens zu Anfang, die sich zum Beispiel in Zeichnungen wie der vom *Vergesslichen Engel* in dessen fast scheinheiliger Harmlosigkeit widerspiegeln, sodann die Phase der aufbrechenden Emotionen, die vom Erlebnis eines *Hässlichen Engels* bis zur *Katastrophe eines Engels* reichen, zu Zusammenbrüchen und Wieder-Aufrichtungen des kleeschen Engelwesens, wobei diesem allmählich Flügel wachsen wie in der Zeichnung *Statt Beinen Flügel.* In einer dritten Phase kommt es zur Annahme des Unvermeidlichen, samt dem Unheimlichen, das es enthält – erfahrbar in *Annäherung Luzifer,* aber auch in der hohen Aufmerksamkeit des dunklen *wachsamen Engels.* Die Hinnahme des zugemuteten Geschicks wird in einigen der letzten Engelbilder Klees zur Hingabe in innerer Freiheit.

Als Ausdruck dieser Hingabe, dieser »geflügelten Gelassenheit« seien zuletzt zwei Bilder aus dieser Phase wiedergegeben und etwas genauer betrachtet: In der zum Aquarell ausgestalteten Bleistiftzeichnung aus dem Jahr 1939, die Klee mit *Engel übervoll* betitelt, kommt Hingabe in der Haltung des Kopfes zum Ausdruck, der sich wie nachgebend zur Schulter neigt, genauer, sich in den Engelflügel einschmiegt. Diese Geste ermöglicht, dass das Licht aus der Höhe voll einfällt und Hals und Kehle umfängt, da, wo die Zeichnung des Kopfes, von einem einzigen Pinselstrich umrissen, zwischen Kinn und Ohrbereich offen belassen ist. Die großen Augen blicken einerseits nach innen, nehmen andererseits auch den Betrachter in den Blick. Man fühlt sich von diesem Engel angeschaut. Links im Bild erhebt sich schwungvoll die andere Flügelspitze, die in die obere linke Ecke hineinweist, in der sich in der alten christlichen Malerei oft die Hand oder auch eine andere Manifestation Gottes zeigt. Sie gilt in der Raumsymbolik des Bildes als die »Ewigkeitsecke«.

Paul Klee, Engel übervoll, 1939 © Privatbesitz

Eine Engelsgestalt, in starken Pinselstrichen hingestellt, erhebt sich vor uns: Klees *Engel übervoll* – »übervoll« wohl von dem, was von oben her auf ihn einwirkt, erfüllt zugleich in seiner Sehnsucht nach dieser Energie, nach der sich sein Flügel verlangend-empfangend ausstreckt.

Wenige Blätter vor dem *Engel übervoll* war als reine Bleistiftzeichnung der *Engel voller Hoffnung* entstanden. Das Gesicht dieses inneren Engels hat einen ruhigen, offenen Ausdruck gewonnen und blickt dem Kommenden fast lächelnd entgegen. Eines der Augen blickt vor allem in die Zukunft, das andere scheint mehr dem Betrachter zugewandt. Eine kühne Bogenlinie, die Braue und Nase andeutet und miteinander verbindet, pendelt sich als Waagrechte ein, einer Linie des Gleichgewichts, die in Klees Zeichnungen oft ausdrückt, dass eine Ausgewogenheit gewonnen ist, dass die Gesichter, die von solcher Linie getragen sind, zur inneren Ruhe, zum Frieden gefunden haben. Die Zeichnung des Kopfes gibt ihm eine fast vollständige Rundung, die ihn als Darstellung eines »runden Ganzen« erscheinen lässt, das auch in sich selbst ruht und eine Mitte hat. Zwischen den schmalen Flügeln wirkt dieses hoffnungsvolle Gesicht zudem wie eingeschmiegt und beschützt. Die Flügel sind hier offenbar weniger zum Tragen als zum Zeigen bestimmt, sie sind zwei feine Fingerzeige oder auch Antennen nach oben, woher die Energie der Hoffnung immer nachströmen kann.

Es ist »geflügelte Gelassenheit«, die sich in Paul Klees späten Engelzeichnungen immer wieder ausdrückt und von ihnen ausgeht, und dies angesichts seiner lebensbedrohenden Krankheit und dem immer näher rückenden Tod. Es ist eine seltene Botschaft, die aus diesen kleinformatigen Bleistiftzeichnungen ausstrahlt und die deren enorme Aktualität und Anziehungskraft erklärt, die der Ausstellung dieses Zyklus an mehreren Orten in Deutschland, darunter auch während des Evangelischen Kirchentags in Hamburg, eigen war.

Dr. phil. Dr. theol. Ingrid Riedel ist Lehranalytikerin und Supervisorin an den C. G. Jung-Instituten in Zürich und in Stuttgart. Sie war Studienleiterin der Evangelischen Akademie Hofgeismar, Honorarprofessorin an der Universität Frankfurt/Main und langjährige Wissenschaftliche Leiterin der Internationalen Gesellschaft für Tiefenpsychologie. Sie ist Autorin zahlreicher Veröffentlichungen zur analytischen Psychologie, speziell für den Bereich Symbolik in Religion und Kunst und Kunsttherapie, zum Beispiel über Paul Klees Engelbilder.

E-Mail: Dr.Ingrid-Riedel@t-online.de

Lieder im Leid

Zum Umgang mit Trauer und Schmerz bei Roma und Kroaten

Ursula Hemetek

Trauerarbeit kann von Einzelnen geleistet werden und ist zweifelsohne wichtig. Trauer kann aber auch innerhalb einer Gemeinschaft delegiert werden und sozusagen stellvertretend für die Gruppe ausgedrückt werden, also kollektive Trauerarbeit. Letztere Variante finden wir oft in ritualisierter Form. Musik spielt dabei eine eminent wichtige Rolle, denn Rituale sind weltweit generell mit Musik verbunden.

Dies sind die Ausgangspunkte für die folgenden Überlegungen. Meine Beispiele stammen aus Minderheitenkulturen, entsprechend meinem ethnomusikologischen Forschungsfeld seit vielen Jahren. Das Fach Ethnomusikologie dokumentiert, erforscht und interpretiert musikalische Äußerungen im sozialen Zusammenhang. Der hier angesprochene Zusammenhang ist Trauer und Schmerz.

»Trauriger Stern am Himmel« – kollektive Traumata und die Lieder der Roma

Erzählen ist eine Möglichkeit, zu etwas Distanz zu gewinnen, ohne es vergessen zu müssen. Auch Singen kann diese Funktion haben. Neben anderen ist das eine psychohygienische Funktion, die traditionelle Musik auch sonst in vielerlei Hinsicht erfüllt. Alle großen Gefühle können durch Lieder ausgedrückt oder kompensiert werden: der Schmerz, die Trauer, die Liebe, die Freude, die Sehnsucht und so weiter. Im Erzählen durch ein Lied liegt die Möglichkeit, ein Ereignis und die damit verbundenen Gefühle nicht verdrängen zu müssen, es verarbeiten zu können. Wenn es sich um primär oral tradierte Kulturen handelt, kommt den Liedern zusätzlich noch die Funktion einer Art Geschichtsschreibung zu, das heißt, es wird im Lied erzählt, und damit mündlich weitergegeben, was sich ereignet hat. Die Romakultur war über viele Jahrhunderte eine solch schriftlos tradierte Kultur.

Es gibt in der Geschichte der Roma weltweit viele kollektive Traumata. Roma wurden seit ihrer Ankunft in Europa, etwa um 1100 n. Chr. immer wieder verfolgt, diskriminiert, benachteiligt, vertrieben und mit negativen Mythen belegt (siehe dazu zum Beispiel Bogdal 2011/2014). Für die Roma Mittel- und Osteuropas war wohl die schlimmste Zeit in ihrer Geschichte jene des Nationalsozialismus. Es wurden etwa 500.000 Roma in den Konzentrationslagern der Nazis ermordet, weil sie die damaligen »Rasseforscher« als »minderwertig« identifiziert hatten. Heute leben nur mehr wenige, die die Schrecken dieser Zeit am eigenen Leib erfahren haben. Paula Nardai (1923–1999)[1], eine Romni aus dem Burgenland (östlichstes Bundesland Österreichs), war eine von denen, die noch aktiv Zeugnis ablegen konnten über jene Zeit.

Obwohl es weltweit sehr viele unterschiedliche Romamusikstile gibt, ist allen Romagruppen gemeinsam, dass die Musik eine der wesentlichsten Ausdruckformen der Kultur ist. Deshalb wird auch bei vielen Romagruppen die Musik als Ausdruck von und Kommentar zu wichtigen Ereignissen verwendet. Bis vor kurzem wurden diese Lieder ausschließlich mündlich tradiert. Sie werden in Romanes gesungen, im jeweiligen Gruppendialekt. Oft sind Frauen die Trägerinnen der Liedkultur.

Paula Nardai, die Sängerin des folgenden Liedes, hat Auschwitz überlebt. Sie hat das Leid, das

Leidfaden, Heft 2 / 2014, S. 21–24, © Vandenhoeck & Ruprecht GmbH & Co. KG, Göttingen, 2014, ISSN 2192-1202

sie besingt, persönlich durchgemacht. Sie wurde 1943 nach Auschwitz verschleppt, blieb dort bis 1944, kam dann nach Ravensbrück und wurde später zur Zwangsarbeit in Rüstungsbetrieben eingesetzt. 1945 wurde sie in Hamburg von den Engländern befreit. Das Lied »Traurige čerheni« entstand nach der Rückkehr nach 1945 im Prozess des gemeinsamen Erinnerns der ehemaligen KZ-Häftlinge. Der Text dürfte aus gemeinsamer, spontaner Improvisation entstanden sein, zu einer gängigen traditionellen Melodie.

Traurige čerheni ando učo nebo
na man bleibens ande mro šatno khere
ari man ligne anda mro šatno vodro
mra djuvla muklom le čavorenca
Traurige čerheni ando učo nebo
legede man anda mro šatno khere
ando logorima legede
odoj tharde man upro praho.

Übersetzung:
Ein trauriger Stern ist am hohen Himmel
ich habe kein Bleiben in meiner Wohnung
mich haben sie aus meinem eigenen Bett
herausgeholt
ich musste meine Frau lassen und die Kinder
und dann haben sie mich ins Lager gebracht
dort wurde ich zu Asche verbrannt.

(Traurige čerheni, gesungen von Paula Nardai, Oberwart 1990; aus: Hemetek und Heinschink 1992, S. 81 f.)

Das Lied ist in mehrfacher Hinsicht bemerkenswert. Paula Nardai gehört zur Gruppe der burgenländischen Roma. Diese Romagruppe lebt seit etwa 350 Jahren in ihrem jetzigen Siedlungsgebiet. Die historischen Fakten über die Verfolgung und Vernichtung der burgenländischen Roma zur NS-Zeit sind inzwischen bekannt, man braucht

Alle großen Gefühle können durch Lieder ausgedrückt oder kompensiert werden: der Schmerz, die Trauer, die Liebe, die Freude, die Sehnsucht.

Installation, Jüdisches Museum, Berlin / INTERFOTO / Science & Society / Richard Bosomworth

in diesem speziellen Fall kein Lied, um historisch etwas zu belegen, dazu stehen andere Mittel zur Verfügung. Für die Gruppe selbst aber sind solche Lieder sehr wichtig, denn es ist eine selbstbestimmte Art des Erinnerns. Es ist eine Zeitzeugin, die hier zu Wort kommt. Paula Nardai erzählt als solche auch ihre Lebensgeschichte.

Wenn sie dieses Lied singt, werden jedoch noch verschiedene andere Faktoren wirksam. Zum Text, der die Merkmale poetischer Redeweise trägt, kommt die Melodie. Text und Melodie müssen korrespondieren. Das Lied erfüllt die Funktion, stellvertretend für die Gruppe etwas auszudrücken, infolgedessen ist es nicht mehr nur subjektiv, und zwar dadurch, dass Text und Melodie in einer gewissen Tradition stehen. Paula Nardai schafft einen Text in Burgenländisch-Romanes, einer damals noch nicht schriftlich fixierten Sprache, und sie unterlegt eine Melodie, die ihr aus der mündlichen Überlieferung bekannt ist. Damit steht sie in der Tradition ihrer Gruppe. Da sie Codes verwendet, die bis dato nur in der Gruppe bekannt waren, wendet sie sich direkt an die burgenländischen Roma. Die Praxis, in Liedern Traumata zu verarbeiten und zu erinnern, wird aber auch bei anderen Romagruppen gepflegt – bis heute (siehe dazu unter anderem Hemetek 2001).

Javkat – die kroatische Totenklage

Die musikalische Äußerung von Verlust und Trauer in Form von vokaler Klage dürfte zu den ältesten musikalischen Ausdrucksformen der Menschheit zu zählen sein. Das Genre der Totenklagen ist tatsächlich in vielen Weltregionen und durch die historischen Epochen hindurch zu finden. Totenklagen sind ein Weg, mit Trauer umzugehen, sie zu verarbeiten und zu katalysieren. Sie sind privater oder öffentlicher ritualisierter Ausdruck von Schmerz. Sie werden in einer besonderen Ausführung gesungen. Es handelt sich um einen Sprechgesang oder »melodisierte Sprache«, oft durch Weinen unterbrochen und grundsätzlich improvisiert. In der textlichen und melodischen Improvisation folgt man allerdings gewissen Formeln. Solche Totenklagen sind in westeuropäischen Kulturen selten geworden, es wird in der Literatur sogar das völlige Verschwinden vermutet.

In der kroatischen Ortschaft Stinatz im Burgenland ist die Totenklage jedoch noch zu finden, wenn auch nicht im öffentlichen Bereich. Die Burgenlandkroaten sind eine Volksgruppe, die etwa vor 450 Jahren in ihr jetziges Siedlungsgebiet des Burgenlands aus Kroatien immigriert ist. Die kulturellen Äußerungen weisen viele Interferenzen mit den umgebenden Kulturen – Deutschsprachige, Ungarn, Roma – auf. Stinatz liegt im südlichen Burgenland und ist eine viel beforschte Gemeinde, weil dort besonders viele eigenständige Bräuche zu finden sind. Die Totenklage stellt allerdings einen Sonderfall dar. Aus keiner der umgebenden Ortschaften ist Ähnliches be-

Paul Klee, Love Song by the New Moon, 1939/Zentrum Paul Klee, Bern, Switzerland/Giraudon/The Bridgeman Art Library

Die Praxis, in Liedern Traumata zu verarbeiten und zu erinnern, wird bei Romagruppen bis heute gepflegt.

kannt. Marko Kölbl, der sich mit diesem Genre intensiv auseinandergesetzt hat (2012), stellt die Hypothese auf, dass es sich bei dieser musikalischen Form um ein Relikt aus der »alten Heimat« Kroatien handelt.

Das Stinatzer Javkat ist ein »stilisiertes Beweinen« im Kontext von Trauer oder Verlust. Es wurde früher öffentlich im Rahmen des Begräbnisses von einer weiblichen Verwandten der verstorbenen Person ausgeführt. Außerdem war es üblich, zusätzlich zu Hause zu »beweinen«, was oft Stunden dauerte und in der Anfangszeit fast täglich ausgeführt wurde. Die Texte des Javkat sind improvisiert, allerdings existieren bestimmte Formeln. Die verstorbene Person steht im Mittelpunkt, sie wird oft direkt angesprochen, der Verlust wird thematisiert in ganz realen Bildern des täglichen Lebens. Das Singen wird oft durch Weinen unterbrochen und das gesamte Ritual versetzte die trauernde Frau in einen anderen Bewusstseinszustand. Es ähnelt einem ritualisierten »Hineinfallen« in die Traurigkeit, wobei das Singen als Katalysator funktioniert. Die psychohygienische Funktion ist offensichtlich. Trauer kann auf eine bestimmte Weise artikuliert und ausgelebt werden und man kann wieder aus ihr heraustreten.

Der heutige Umgang mit Trauer und Tod in der westlichen Gesellschaft legt »stille Anteilnahme« und »stille Trauer« nahe. An die Stelle des Klagens tritt Schweigen. Das öffentliche Javkat ist in Stinatz in den 1970er Jahren verschwunden. Aber es existiert weiter im privaten Rahmen, weil – wie eingangs gesagt – Singen ein Mittel sein kann, zu etwas, in diesem Fall zum Tod eines geliebten Menschen, Distanz zu gewinnen, ohne ihn oder sie vergessen zu müssen.

Dr. Phil. Ursula Hemetek ist ao. Universitätsprofessorin am Institut für Volksmusikforschung und Ethnomusikologie der Universität für Musik und darstellende Kunst Wien. Seit 2011 ist sie Institutsleiterin. Ihre Forschungsschwerpunkte sind Musik von Minderheiten in Österreich, insbesondere Roma, burgenländische Kroaten und Bosniern sowie Migrantinnen und Migranten in Wien.

E-Mail: hemetek@mdw.ac.at

Literaturhinweise

Bogdal, K.-M.: Europa erfindet die Zigeuner. Eine Geschichte von Faszination und Verachtung. Berlin 2011/2014.

Hemetek, U.: Mosaik der Klänge. Die Musik der ethnischen und religiösen Minderheiten in Österreich. Wien 2001.

Hemetek, U., Heinschink, M. F.: Lieder im Leid. Zu KZ-Liedern der Roma in Österreich. In: Jahrbuch 1992 des Dokumentationsrachivs des österreichischen Widerstands. Wien 1992, S. 76–94.

Kölbl, M.: Javkat. Totenklage und andere Aspekte musikalischen Totenbrauchs einer kroatischen Gemeinde im Südburgenland. Diplomarbeit an der Universität für Musik und darstellende Kunst, Wien 2012.

Anmerkung

1 http://romani.uni-graz.at/rombase/cgi-bin/artframe.pl?src=data/pers/nardai.de.xml

Musiktherapie – Musik als Weg zu neuen Perspektiven

Kerstin Sievers

Was bedeutet Musik für uns?

Was kann Musik für eine Funktion für uns Menschen haben? Ist sie uns nah oder fremd? Jeder Mensch zeigt seine eigene Reaktion auf Musik. Musik berührt jeden von uns auf verschiedene Art und Weise. Unabhängig davon, ob wir musikalisch sind oder nicht. Manchmal wippt beim Hören nur ein kleiner Körperteil mit, manchmal nehmen wir die Musik gar nicht bewusst wahr. Sie wird uns vorgespielt als Hintergrundmusik an verschiedenen öffentlichen Orten. Aber es gibt auch Momente, in denen uns Musik zutiefst in unserer Seele berührt. Musik ist aus unser aller Leben nicht wegzudenken. Wir sind ihr schon vor unserer Geburt verbunden und sie begleitet uns bis zu unserem Ende.

Decker-Voigt schreibt: »Kommunikation und sozialen Kontakt lernen wir bereits von der Zeit im Mutterleib an und nach der Geburt durch Hören und Ausdruck von Geräuschen und ihnen innewohnenden und aus ihnen erwachsenden Lauten, Tönen und Klängen« (1999, S. 17). Musik verbindet Menschen miteinander und fördert den sozialen Kontakt.

Das menschliche Hörorgan ist das erste vollständig ausgebildete und funktionierende Sinnesorgan im Mutterleib und es ist das letzte, was im Tod erlischt. Wir hören den Herzschlag der Mutter, die Geräusche ihrer anderen Organe und die Außengeräusche. Damit ist der erste wahrnehmbare Bezug zur Musik hergestellt. Nicht nur Klänge, Geräusche, Töne und Melodien, sondern auch Rhythmus und Dynamik gehören zu unserem Leben. Der Bezug von uns Menschen zur Musik ist für uns alle zutiefst existenziell und unsere eigene Entwicklung bestimmt, ob wir »musikalisch« oder »unmusikalisch« sind.

In verschiedenen Übergangssituationen, Grenzerfahrungen, Krankheitssituationen in unserem Leben werden wir mit den verschiedenen Parametern der Musik konfrontiert: Rhythmus – Dynamik – Klang – Melodie – Form.

Musik – Kunst – Therapie

Musik ist eine Zeitkunst. Jeder Ton, jedes Geräusch, jeder Klang oder jede Melodie ereignet sich in der Zeit. Während wir ein Bild, eine Skulptur oder ein Gebäude betrachten und über längere Zeit den gleichen Gegenstand auf uns wirken lassen können, erschließt sich uns die Musik im Prozess des Entstehens durch unser Hören oder Spielen und unser Erleben.

Sowohl in der Kunst als auch in der Therapie liegt die Notwendigkeit zur Wandlung (Petersen 2009). Kunst ebenso wie Therapie zielt nicht auf Wiederherstellung oder Restauration. Kunst will Neues schöpfen (Weymann 1989). Die »Anzeichen des Neuen« gehören für Musiktherapeuten und überhaupt künstlerische Therapeuten zum unabdingbaren Bestand von Therapie.

Kunst und Therapie sind im Hier und Jetzt. Eine experimentelle Haltung von Therapeuten und Patienten kann Systeme des Denkens und Fühlens aufbrechen. Abschottungen, Verkrustungen, Auflösung der Perspektiven und Chaos verschmelzen in Kunst und Therapie. Notwendig ist, sich von alten Perspektiven zu lösen.

Leidfaden, Heft 2 / 2014, S. 25–28, © Vandenhoeck & Ruprecht GmbH & Co. KG, Göttingen, 2014, ISSN 2192-1202

Kinder einer Musiktherapiegruppe, hinten links die Big Bom

Was ist Musiktherapie?

Musiktherapie ist als spezielle Form der Psychotherapie eine Behandlung von Kindern, Jugendlichen und Erwachsenen unter gezielter Anwendung des künstlerisch-kreativen Mediums Musik. In der Begegnung zwischen Klient/-in und Therapeut/-in wird die Musik als drittes Element eingesetzt. Durch Musik werden wir bewegt und berührt, sie kann in tiefere Bereiche unserer Seele vordringen, als Worte es können. Die Musik kann präventiv, wachstumsfördernd und -entwickelnd und psychotherapeutisch heilend wirken. So können Menschen mit Problemen, Defiziten und Störungen mit Hilfe der Musik einen neuen Zugang zu sich selbst, zu neuen Perspektiven und Verhaltensweisen finden.

Man unterscheidet *aktive* und *rezeptive* Musiktherapie. Aktiv bedeutet, dass der Klient die Musik zusammen mit dem Therapeuten gestaltet. Beide improvisieren auf einfachen Instrumenten oder frei mit der Stimme. Die entstehende Musik dient dazu, miteinander in Interaktion zu kommen und emotionale Verhaltensweisen in der Musik hörbar zu machen und zu beeinflussen. Es ist nötig, anschließend darüber in den Dialog zu treten. Musik bietet die Möglichkeit, sich mitzuteilen, »innere Welten« auszudrücken.

Rezeptiv bedeutet, dass der Klient nicht selbst Musik macht, sondern diese hört, fühlt und eventuell auch dazu malt oder sich bewegt. Je nach therapeutischem Ziel spielt der Therapeut für den Klienten oder es werden Aufnahmen gehört. Über Erfahrungen und Gefühle, die durch Musik ausgelöst werden, kann ein Dialog entstehen; Situationen oder Probleme können neu betrachtet werden.

In der Musik, als nonverbales Kommunikationsmittel, liegt aber auch die besondere Qualität, dass sie präverbale Bereiche erfassen kann und deshalb Menschen helfen kann, die ihr Leiden nicht in Worte fassen können. Der Kern von Musiktherapie besteht in der Wirkung von Musik auf den Menschen und zwischen Menschen. »Musiktherapie will nicht nur Symptomen, Mängeln, Störungen oder Krankheiten auf den Grund gehen. Sie ist immer auch auf ›Können‹, auf Entfaltung der individuellen Möglichkeiten, auf Wachstum und Kreativität gerichtet« (Decker-Voigt 1991, S. 18 ff.).

Wo kann Musiktherapie wirksam sein?

Grundsätzlich können wir sagen, dass Musiktherapie uns in unserem gesamten Lebenskreis begleiten kann:

- Vor, während und nach der Geburt kann Musiktherapie Schwangere, Mutter und Kind begleiten. Besonders im Bereich der Neonatologie wird Musiktherapie als auditive Stimulation für das Frühgeborene eingesetzt.
- Kindern und Jugendlichen kann Musiktherapie helfen in Förderzentren, in psychiatrischen Kliniken, Behindertenheimen, Schulen, Musikschulen etc.
- Auch in psychosomatischen Kliniken, in der Onkologie, in neurologischen und anderen Rehabilitationszentren, in zielorientierten Selbsterfahrungsgruppen (zu Trauer, Schmerz, Aphasie, Tinnitus etc.), in Alten-

und Pflegeheimen, in Hospizen und auf Palliativstationen hält die Musiktherapie mehr und mehr Einzug.
- In Situationen der Sprachlosigkeit kann die Musik eingesetzt werden. Menschen, die sprachlos sind, können durch das Improvisieren ihre Gefühle ausdrücken, sich vielleicht aus einer Sackgasse befreien, sich verändern. Auch in der Phase des Übergangs vom Leben zum Tod kann sie Begleitung, Geborgenheit, Erleichterung und Gelassenheit ermöglichen. Das Unsagbare wird durch Klang, Melodien, Rhythmus und Geräusche ausdrückbar.

Musik und Trauer

Trauer kann ein Überwinden von Leid und Schmerzen bedeuten. Trauer ist ein Prozess der Bewältigung von Krankheit, Sterben, bei Tod oder Verlust eines lieben Menschen. Wie gehe ich in der Musiktherapie mit Trauer um? Welche Wege gibt es, der Trauer zu begegnen? Was wandelt sich?

Durch Musik können wir uns die eigene Vergangenheit und die eigene kulturellen Herkunft bewusst machen. Sie kann in uns ein Gefühl der Verwurzelung und der Geborgenheit wachrufen. Sie kann aber auch ein Gefühl der Abkapselung von der Umwelt bewirken. Wir können uns in der Musik eingehüllt fühlen, von ihr aufgefangen, aber isoliert von der äußeren Umwelt. Die eigenen Möglichkeiten und Grenzen können in der Musik erfahrbar gemacht werden. Leidende Menschen befinden sich in einer Krisensituation ihres Lebens. Musik kann forttragen. Sie kann als Vehikel dienen, um aus dieser Krisensituation herauszugelangen. Der Sehnsucht nach Erlösung aus dem Leiden kann durch Musik Ausdruck gegeben werden. Welches die »richtige« Musik und welches der »richtige Ansatz« des musikalischen Tuns ist, ist jeweils abhängig von der Situation, vom Menschen und äußeren Gegebenheiten. So gibt es in der Musiktherapie auch kein wirksames Allheilmittel oder gar Rezept für dieses oder jenes Problem.

Kinder mit Körpertambura

Erfahrungen aus der Praxis

Auch in der musiktherapeutischen Behandlung mit Wachkomapatienten gibt es vielfältige Erfahrungen.

Vor einigen Jahren arbeitete ich mit einem damals siebzehnjährigen jugendlichen Patienten, der durch einen Unfall sehr starke Hirnverletzungen davontrug und seitdem im Wachkoma lag. Wenn ich zu ihm in das Pflegeheim kam, lag er im Bett oder saß im Rollstuhl. Seine Augen waren stets geschlossen, er atmete selbständig, zeigte aber kaum Reaktionen. Es war unklar, was er überhaupt wahrnahm. Ich spielte häufig auf der Tambura für ihn. Manchmal legte ich dieses Instrument auch an seinen Körper, damit er nicht nur die Klänge hören, sondern auch die Vibrationen spüren konnte. Oft wusste ich nicht, ob ihn meine Musik überhaupt erreichte. Manchmal aber hörte ich nach der Musik oder in den Pausen sein besonders tiefes Ein- und Ausatmen, für mich ein Zeichen, dass ihn die Musik erreichte. So konnte die Musik für ihn eine Brücke sein von seinem inneren Erleben zur Außenwelt.

In meiner Arbeit im *Pegasusprojekt* der Bremer Krebsgesellschaft mit Kindern krebskranker

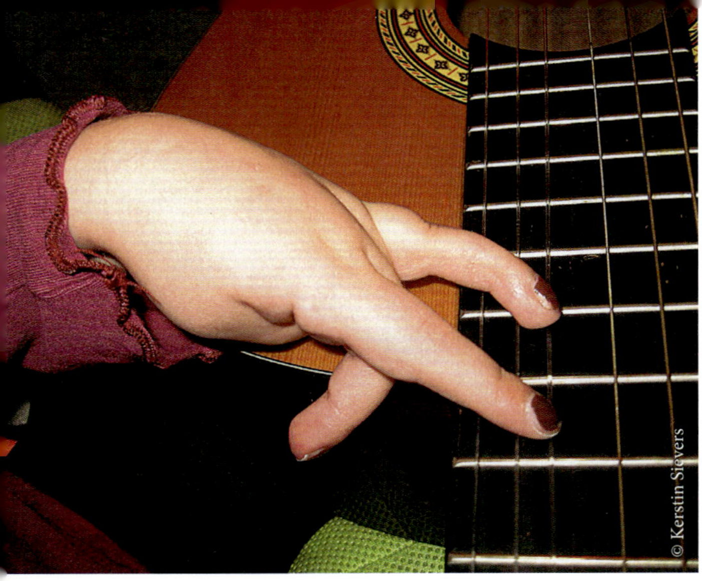

Leidende Menschen befinden sich in einer Krisensituation ihres Lebens. Musik kann forttragen. Sie kann als Vehikel dienen, um aus dieser Krisensituation herauszugelangen.

Eltern hatte ich ein besonderes Erlebnis mit Thomas (Name geändert), einem zehnjährigen Jungen, dessen Vater schwer krank war. Thomas hatte große Ängste. Die erste Stunde hatte ich mit ihm allein. Wir saßen einander gegenüber. Thomas war stumm, so dass ich erzählte, was ich über seine Familie und ihn wusste. Er nahm keinen Kontakt zu mir auf, blickte auf den Boden, Tränen rollten aus seinen Augen. Ich begann ihm die Instrumente zu zeigen und vorzuspielen. Er wollte zunächst nichts ausprobieren. Ab und zu begann er den Kopf zu heben und guckte verstohlen zu den Instrumenten und schien allmählich etwas offener und fasziniert von den verschiedenen Klängen. Er stand auf und kam näher. Ich ging zur Big Bom, einer sehr großen Holzschlitztrommel, die einen tiefen und vibrierenden Klang hat, wenn man mit Schlägeln darauf spielt, die auch sehr kräftig gespielt werden kann, ohne dass man Angst haben muss, dass sie kaputt geht. Ich sagte zu Thomas, dass man darauf auch spielen könne, wenn man sehr wütend ist, die Big Bom könne wirklich etwas aushalten. Er ergriff zu meinem Erstaunen die Schlägel, fing erst vorsichtig an und wurde immer kräftiger und sehr laut im Spiel. Nach einer Weile hörte er auf, drehte sich dann zu mir um und strahlte mich mit einem zutiefst glücklichen Gesicht an. Ich selbst war sehr beeindruckt von seiner Verwandlung. Wir setzten uns wieder und er erzählte, dass »das Spielen so toll« war, und er begann auch von seinen Ängsten bezüglich seines Vaters zu erzählen.

So war für Thomas die Musik und das Spielen des Instruments zu einem Ventil geworden, seine inneren Spannungen zu lösen. Seine Wut und Trauer wandelten sich in Freude und Entspannung und sein Spiel schaffte uns beiden eine gute Kommunikationsgrundlage. Thomas kam in der folgenden Zeit sehr gern zur Musiktherapiegruppe, ihm fiel auch der Kontakt zu den anderen Kindern nicht schwer.

Vielleicht zeigen diese beiden Beispiele, wie vielfältig Musiktherapie sein kann. Für mich ist es jedes Mal aufs Neue faszinierend, was die Musik in uns bewirken und auslösen kann und wie sie uns selbst auch wandeln und verändern kann.

Kerstin Sievers ist Diplom-Musiktherapeutin (DMtG), Musikpädagogin und Kirchenmusikerin. Sie lebt und arbeitet freiberuflich in Bremen unter anderem als Musiktherapeutin im Kinderhospiz, mit Kindern krebskranker Eltern, schwerst mehrfach behinderten Erwachsenen und in eigener Praxis. Sie hat Erfahrung mit Wachkomapatienten, leitet Workshops und Seminare. Ein weiterer Schwerpunkt ist die Tinnituszentrierte Musiktherapie (TIM).

E-Mail: kerstin-sievers@gmx.de
Website: www.musiktherapie-sievers.de

Literaturhinweise

Decker-Voigt, H.-H.: Aus der Seele gespielt. München 1991.

Decker-Voigt, H.-H.: Mit Musik ins Leben. Kreuzlingen 1999.

Petersen, P.: Therapeut als Künstler – Kunst als Therapie. In: Lexikon Musiktherapie. 2. Auflage. Hrsg. von H.-H. Decker-Voigt, E. Weymann. Göttingen 2009.

Weymann, E.: Anzeichen des Neuen. Improvisieren als Erkenntnismittel. In: Musiktherapeutische Umschau 10/1989, S. 275–290.

Die Kunst und die Trauer

Jean-Pierre Wils

> »*Die Kultur entspringt dem Wissen um den Tod und die Sterblichkeit*«
> (Jan Assmann, Der Tod als Thema der Kulturtheorie)

Gesprächshemmungen

Aus einem Gedicht von Norbert Hummel stammt folgende Frage: »Ist niemand mehr da unten drin, dem eine warme Decke guttun könnte?« Der Gedichtband trägt den Titel »Totentanz« (2007). Die »Totentänze« sind jene seit dem Mittelalter auf Friedhöfen installierten Bildtafeln, die den Tod darstellen, wie er die Menschen in unterschiedlichstem Alter und aus verschiedensten Anlässen aus dem Leben reißt. Sie stellen gewissermaßen die ästhetische Fassung des »memento mori« dar. Im Totentanz wird mit dem Tod kommuniziert *und* mit den Toten. Das gelingt aber nur dort, wo uns die Toten noch nicht abhanden gekommen sind. Vor schnellen kulturpessimistischen Vermutungen sollten wir uns hüten. Aber seit der Aufklärung ist die Schwierigkeit unübersehbar geworden, ein Gespräch mit den Toten zu pflegen, das die traditionelle Totenkommunikation im Medium der religiösen Riten und Mythen ersetzen kann. Vielmehr lässt sich von einer Totenvergessenheit sprechen. Überall in Europa sind im Lauf des 19. Jahrhunderts die »Totentänze« in Vergessenheit geraten und teils sogar abgerissen. Diese kulturelle Erinnerungspraktik passte offenbar nicht in die optimistische und fortschrittsgewisse Zukunftsorientierung der Moderne.

Einem großen Essay über Kultur und Religion von T. S. Eliot (1967) ist folgende Stellung entnommen: Kultur, so Eliot, sei auf Dauer nur dann ihres Namens wert, wenn sie »eine Pietät gegenüber den Toten, wie unbekannt sie auch sein mögen, und eine Sorge für die Ungeborenen, seien sie noch so fern«, hege. Kommen uns die Toten abhanden, werden uns auch die Kommenden auf Dauer gleichgültig werden. Unempfindlich geworden gegen die Anwesenheit der Vergangenheit im Gedenken der Toten wird uns auch die Zukunft irgendwann nicht mehr angehen. Wir sind dann eingemauert in der Spalte der Gegenwart, gedächtnislos und ohne Hoffnung. Die zivilisationsgeschichtliche These, mit dem Begraben der Toten fange die Kultur an, die Unterscheidung des Menschen von einem bloßen Naturwesen, braucht man hier nicht einmal zu bemühen. Es leuchtet auch so ein, dass Pietätlosigkeit und Sorgevergessenheit – den Toten und den Ungeborenen gegenüber – auf eine Verrohungstendenz weisen. Verblasst die Pietät, kommt uns die Sorge abhanden. Und werden wir sorglos und kummerlos, verlässt uns auch die Pietät. Dieser Umstand betrifft die Toten und die Ungeborenen gleichermaßen.

Was verbindet aber die Toten mit den Ungeborenen, was haben sie gemein? Es ist der einfache Umstand, *dass sie nicht sprechen können.* Jedenfalls nicht ohne unsere Hilfe. Wir müssen die Sprachlosen in die Sprache hinüberretten, die sprachlos Gewordenen und die Noch-Sprachlosen. Das Wort »Übersetzung« erhält hier eine buchstäbliche Bedeutung: Wir müssen sie übersetzen, ins Boot unserer Sprache holen, damit die Toten nicht aus dem Gedächtnis verschwinden und die Ungeborenen nicht als Eindringlinge auf die Welt kommen, unerwartet und unwillkommen. Dennoch sollten wir den großen Unterschied nicht übersehen. Die *Einkehr* der noch Ungeborenen in die Welt der bereits Le-

Leidfaden, Heft 2/2014, S. 29–33, © Vandenhoeck & Ruprecht GmbH & Co. KG, Göttingen, 2014, ISSN 2192-1202

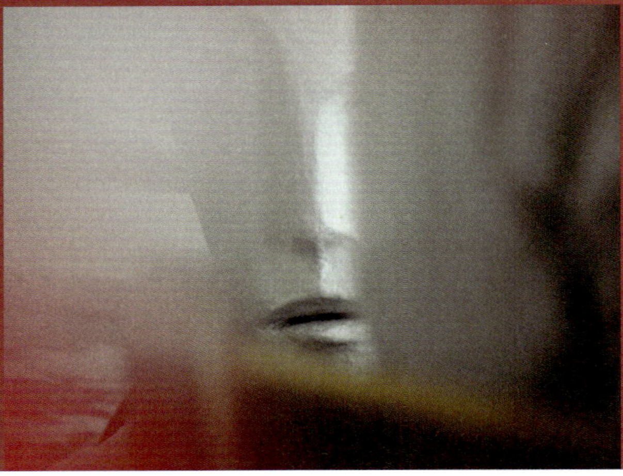

Das Gespräch mit den Toten beginnt zunächst noch ohne Sprache.

benden haben wir bis zu einem gewissen Grad in eigener Hand. Ihre Zeugung lässt sich vorbereiten, ihre Geburt erst recht. Wir können sie willkommen heißen oder ihre Einkehr zu einer verstörenden Ankunft werden lassen – für sie und für uns. Die *Wiederkehr* der Toten aber lässt sich nicht bewerkstelligen. Hier können wir nicht handeln. Sie und wir sind an den Nullpunkt jeglicher Aktivität angekommen, an eine Grenze, wo die Passivität der Toten vermutlich endgültig ist. Gänzlich passiv sind *wir* allerdings nicht. Wir können sie sprechen oder verstummen lassen. Angewiesen, wie sie auf unsere Advokatur sind, hängt es von uns ab, ob ihre Stimme noch vernehmlich wird. Machte sich diese nicht mehr bemerkbar und fiele die Vergangenheit der uns Vorangegangenen dem Vergessen anheim, kämen uns auch die Verständigungsmöglichkeiten mit unserer Zukunft abhanden.

Das Wort der *Advokatur,* die wir den Toten anbieten, ist in diesem Zusammenhang sprachlich sehr genau gewählt. Wir rufen sie herbei und sie uns zu ihnen hinab. Wir rufen uns gegenseitig zu. Aber es sind wir, die Lebenden, die ihre Anliegen in unsere Obhut nehmen müssen. Wir verwalten ihr Gedenken. Unsere Anwaltschaft hält sie – so gut es geht – am Leben. Elias Canetti hat in »Die Provinz des Menschen« (1973) in einer kurzen Bemerkung auf das ganze Ausmaß des Dramas hingewiesen, das sich im Vergessen der Toten ankündigt. Dort heißt es: »Die Seelen der Toten sind in den anderen, den Zurückgebliebenen, und dort sterben sie langsam ganz.« Es gibt gleichsam eine Art *Nachsterben der Toten nach ihrem Tod.* Aber genauso wäre ein *Nachleben der Toten nach ihrem Leben* denkbar. Das fällt uns offenbar immer schwerer – dieses Nachleben überhaupt in Erwägung zu ziehen.

Mittlerweile haben wir nämlich die Trauer pathologisiert. Während es einst als unanständig galt, nicht oder zu kurz zu trauern, sind wir nun dabei, die Anstandsregeln und -grenzen der Trauer neu zu bestimmen. Es ist unanständig und ungehörig, lange zu trauern, und *diese Länge wird immer kürzer.* Was als tragbar gilt, ist einem psychiatrischen Diktat unterworfen, das die Grenzen stets enger zieht und die offenbar erforderlichen Interventionsnotwendigkeiten immer mehr ausdehnt. Dabei lässt sich der Verdacht nur schwer ausräumen, dass wir uns weniger um die Trauerden kümmern als vielmehr um die Last, die sie uns mit ihrem Trauerauftrag verursachen. Sie stören das frivole Gehabe, das unseren Alltag füllt. Wenn wir die Toten aus den Augen verlieren, kommen wir uns selbst jedoch abhanden. Wir wissen dann nicht mehr, wer wir selbst sind. Aber was sind wir?

Kleiner ontologischer Zwischenaufenthalt

Bei dem französischen Phänomenologen Michel Henry finden wir die zunächst rätselhaft anmutende Behauptung, »als Lebendige« seien wir »Wesen des Unsichtbaren«. Wir seien »nur im Unsichtbaren, von ihm her zu verstehen«. Henry hat diesen Gedanken in seinem Hauptwerk »Inkarnation. Eine Philosophie des Fleisches« (2011) unzählige Male gewendet und dort immer wieder darauf bestanden, dass wir uns *gegeben* sind, uns einem *datum* verdanken, das wir niemals einholen können. Jeder Selbstbezug beruht auf einem »Zugang zu uns selbst«, der uns vorausge-

Die Sichtbarkeit des Todes im Angesicht der Toten eröffnet das Gespräch, noch lange bevor da wirklich gesprochen wird.

he. Unser Ursprung sei gewissermaßen un-vordenklich, wir seien nicht in der Lage, ihn einzuholen, denn er – dieser Ursprung – habe uns schon immer eingeholt. Dieser Ursprung ist das Leben. »Nicht das Denken gibt uns Zugang zum Leben«, schreibt Henry, »es ist das Leben, welches dem Denken den Zugang zu sich erlaubt«. Dieses Leben offenbart sich in unserer Fleischlichkeit, weshalb wir uns als Wesen der *Inkarnation* verstehen sollten. Unsere fleischliche Verfasstheit ist demnach ursprünglich und uns schon immer voraus. Wir haben sie nicht gewählt, sie hat uns ausgesucht. Unser Sein entstammt einem »Gebungsvermögen«. Das Leben ist sich selber radikal gegeben. Es ist nicht Herr und Meister seines Ursprungs. Henry benutzt hier das Kunstwort »Passibilität« und erläutert: »Geboren werden heißt daher, in ein Fleisch kommen, und zwar dort, wo jedes Fleisch in sich kommt: im Ur-Fleisch des Lebens.«

An den Rändern unserer Lebens, in den Gefilden unserer Natalität und Mortalität, um mit Hannah Arendt zu sprechen, umgibt uns eine große Passivität. Wir sind gegeben worden. Wir fangen nicht als Lebensaktivisten an und hören genauso so wenig als solche auf. Zwar stellt jede Geburt einen Neubeginn dar und bildet einen Hinweis auf das Anfangenkönnen des Menschen. Aber dieser Anfang ist gewissermaßen bereits begonnen worden. Er wird uns gegeben und ist deshalb ein *datum*. Er ruht in einem anderen Anfang. Wir haben unserem Anfang im Rücken. Unser Anfang ist passiv und uneinholbar. Genauso wie Emmanuel Lévinas einst im Hinblick auf die Bedrängung des Leibes durch den anhaltenden Schmerz von einem *Nicht-mehr-können-Können* sprach, worin sich der Tod bereits ankündigt, zeigt die Gegebenheit des Lebens auf die *Unmöglichkeit, den Anfang anfangen zu können.*

Uns fehlt der Zugriff – sowohl im Denken als auch im Handeln – auf etwas, das *außerhalb* des Lebens diesem einen Sinn und Zweck geben könnte. An einer entscheidenden Stelle greift Henry auf Meister Eckhart zurück und zitiert aus seiner Predigt 7: »Aber: Warum lebst du? Um des Lebens willen, und du weißt dennoch nicht, warum du lebst. So begehrenswert ist das Leben in sich selbst, dass man es um seiner selbst willen begehrt.« Und Henry schlussfolgert: »Das Leben ist ohne Warum. […] Die Selbstoffenbarung des Lebens ist seine Selbstrechtfertigung.« Solche Sätze sind viele Male härter, als sie in der Version des Mystikers Eckharts zunächst klingen. Wenn das Leben fraglos gegeben ist und es gut ist, obwohl oder besser *weil* wir sein Warum nicht beantworten können, scheint *das Fragen hinter die Fraglosigkeit* sinnlos zu werden. Das Dasein trägt sich selbst. Das Leben ist selbst-unmittelbar und es existiert keine Erinnerung, die weiter reicht als eben die Reichweite dieses Lebens. Unser Beginn ist un-erinnerbar. Wir sind angefangen worden in einer unvordenklichen Nacht.

Als Bewohner des Tages sind wir dennoch »Nocturnes«, Geschöpfe der Nacht, wie Henry sagt. Wir sind einem nächtlichen Schoß entschlüpft, der sich die Gründe unseres Daseins nicht ganz entlocken lässt. Wir besitzen eine Herkunft, die wir *nicht* besitzen, eine Herkunft, die wir *nicht* kennen. Wir sind Findlinge unserer Selbst. Dass dies so ist, sollten wir nicht als eine Bedrohung auffassen. Es ist gerade dieses Unverfügbarsein, das unsere Würde schützt: Würden wir unsere Herkunft nämlich kennen und wüssten wir um ihr Warum, wären wir nicht länger um unserer selbst willen da. Wir wären schon eingebunden in ein Projekt, in eine Absicht, in eine Intention. Eltern hätten dann Gründe, weshalb sie Kinder bekommen möchten. Unser Leben wäre keine Gabe mehr, kein *datum,* sondern – buchstäblich – ein *factum,* ein Gemachtes um eines anderen willen. Auch der Tod bestätigt diesen Sachverhalt. Spätestens angesichts des Todes werden wir wiederum zu Findlingen. Würden wir den Tod kennen oder von ihm ein Wissen haben, wäre unser Leben erneut projektgebunden. Die Rätselhaftigkeit – das bleibende Rätsel – des Todes schützt unsere Würde, unser Dasein um seiner selbst willen.

Die Befragung des Sterbens und die Beobachtung der Toten

Es sind einfache Übungen, die das Gespräch mit den Toten eröffnen. Sie richten sich auf die noch Lebenden, die zu ihrem bevorstehenden Tod in ein Verhältnis treten. Das bevorstehende oder das bereits eingesetzte Sterben wird befragt. Der Tod der anderen wird beobachtet. Aber diese Beobachtungsperspektive ist nicht neutral. Sie findet nicht in einer Versuchsanordnung statt, zu der wir selbst nicht gehören. Wir können nicht draußen bleiben. Die Sterbevergessenheit *in eigener Sache* müssen wir zuallererst ablegen, bevor die Befragung des Sterbens und die Beobachtung der Toten fruchtbar werden können. Wir dürfen den Tod nicht externalisieren, indem wir den Tod in der ersten Person in den Tod einer dritten Person verwandeln. Die Übungen der Befragung und der Beobachtung geschehen nicht aus Neugier oder Wissensdurst, jedenfalls nicht vornehmlich, sondern als Einübung in das Kommende. Die Befragung des Sterbens und die Beobachtung der Toten bleibt ungeniert selbstinteressiert.

Das Gespräch mit den Toten beginnt zunächst noch ohne Sprache. Die Sichtbarkeit des Todes im Angesicht der Toten eröffnet das Gespräch, noch lange bevor da wirklich gesprochen wird. In ihrem kleinen Roman »Der weiße Stein« (1998) hat Anna Bolecka in wenigen Sätzen den ganzen Einsatz eines solchen Gespräches markiert: »Die Erkenntnis, dass der Tod ein Teil des Lebens war, prägte sich Urgroßvater schon in früher Kindheit ein. Er begriff, dass nur der das Leben genießen kann, den man nicht von Beginn an mit der düster quälenden Erwartung des Unbekannten ängstigte. Während der, dem beizeiten das Bild des Todes mit einem Körper und einem Gesicht gezeigt wurde, sich mit dem Gedanken abfinden kann, dass die Unausweichlichkeit des Todes eine der Voraussetzungen für ein glückliches Leben ist.«

Nur die Konfrontation, oder besser gesagt, die *Begegnung* mit den Toten vermag jene Entgiftung zu bewirken, die durch die Verdrängungen und die Phantasien hervorgerufen werden, die den Tod umgeben. Zu jenen Phantasien gehören jene Jenseitsvorstellungen, die dem Leben Furcht und Panik einflößen. Gewiss, Jenseitsvorstellungen vermögen zu trösten und zu lindern. Aber die christliche Geschichte dieser Phantasien zeigt, was für einen Terror von solchen Gebilden ausgehen kann. Anna Boleckas Urgroßvater ist dagegen an *Diesseits*vorstellungen interessiert und zu ihnen gehört die gelassene Beobachtung der Toten. Die Grenze, die die Toten markieren, ist nichts anderes als das Endlichkeitsmerkmal unseres Lebens. Die Lehre, die Boleckas Urgroßvater vermittelt, ist einfach, aber inzwischen scheinbar schwer zu begreifen. Nur die Akzeptanz unserer Endlichkeit macht es möglich, ein glückliches Leben zu führen. Es sind die Grenzen, die uns davor bewahren, zu zerfließen. Nur, wenn etwas aufhört, kann es sich auch füllen. Ein erfülltes Leben setzt voraus, dass wir nicht in das Phantasma einer Endlosexistenz hineinfliehen und uns dort hoffnungslos verausgaben. Wären wir ständig mit Grenzverlegungen befasst – sei es in unserer Einbildungskraft, sei es in unseren forcierten und gierigen Lebensverlängerungsmaßnahmen *ad infinitum* –, liefen wir Gefahr, das Leben selbst zu vergessen.

Die Entgiftung, die durch solche Beobachtungen bewerkstelligt wird, sollten wir nicht unterschätzen. Sie entlastet von unserer Maßlosigkeit: Nur ein Leben, das sein Maß kennt *und* anerkennt, ist geschützt vor Haltlosigkeit. Und jenes Maß, jener Halt ist der Tod. Es gibt unzählige, die uns vorausgegangen sind, und viele, die nach uns kommen werden. Wir sind nicht die solitären Bewohner der eigenen Existenzprojekte, die auf möglichst vieles und dies möglichst lange und möglichst intensiv angelegt sind. Wir brauchen uns nur ein wenig anzustrengen und unsere Erinnerung zeigt den Reigen derer, die vor uns da waren. Maja Haderlap hat in ihrem preisgekrönten Roman »Engel des Vergessens« (2011) eine wunderbare Szene beschrieben, die uns zeigt, wie die Beobachtung des sich ankündigenden Todes und eine tröstende Erinnerungsarbeit sich verschwistern.

»Ich setze mich zu Großmutter und sehe in meiner Vorstellung verschwommene, gesichtslose Schattenrisse an uns vorbeihuschen, deren Gesichter erst später Konturen annehmen werden. Ich stelle mir vor, wie ein Theaterstück den Geisteszug aus Verwandten und Nachbarn zum Leben erweckt, der an uns vorbeizieht. Alle Gewesenen haben ihre Kleider und Möbel mitgebracht und spielen und singen für uns. Sie zeigen uns, wie man sich früher unterhalten hat, worüber man früher lachte. Sie werfen sich in Pose und drehen sich im Kreis, sie packen ihre Sachen und entschwinden in der Wand aus nichts und Nachhall. Ein Teil des Lebens scheint sich aus Großmutters zartem Körper zurückzuziehen, einem Lufthauch gleich, der zur Zimmerdecke aufsteigt. Ihr Atem vibriert wie eine flüchtige Erinnerung, ein Atemschatten nur, eine Atemwenigkeit. Sie könnte auf der Ofenbank erstarren, fürchte ich, oder vertrocknen, so wie sie sich zusammenzuziehen beginnt. Ihr leichter Körper könnte später wie eine tote Biene mit einer Handbewegung von der Bank gefegt werden.«

Großartig und berührend schildert Haderlap, wie ihre Großmutter langsam, aber unaufhaltsam *eingeht.* Wie sie in ihrer Leichtigkeit gleichsam verschwindet. Der Abschied vollzieht sich im Modus eines zunehmenden *Schwereverlustes,* der nicht nur Gewichtsverlust, sondern auch *Erschwernis*verlust ist. Nun wird das Leben leichter, im zweifachen Sinne des Wortes. Es ist nicht der Totentanz, aber immerhin ein »Geisteszug«, worin sich die Toten zeigen. Großmutter reiht sich schon fast ein in diesen Zug. Auch sie ist dabei, langsam zu vergeistigen. Später wird sie ein vollwertiges Glied in der Kette dieses Geisteszuges sein, eine Tote.

Wir haben es hier mit Trostübungen zu tun, die wenig Aufsehen erregen wollen. Hier werden keine Jenseitspanoramen entwickelt, keine lautstarken und dramatischen Inszenierungen. Im Gegenteil, diese Übungen beeindrucken durch ihre Stille und ihren gelassenen Sinn für die Realitäten. Die Toten sprechen nicht laut, vielleicht haben sie sogar wenig zu sagen. Aber auch dann bleibt ihre Anwesenheit nachdrücklich und groß.

Prof. Dr. Jean-Pierre Wils, Ordinarius für Politische Philosophie und Kulturphilosophie an der Radboud Universität Nijmegen (NL), Wissenschaftlicher Beirat des Instituts Dialog Ethik in Zürich, Gastprofessor an der Hochschule für Kunsttherapie in Nürtingen.

E-Mail: j.p.wils@ftr.ru.nl

Literaturhinweise

Arendt, H.: Vita activa oder vom tätigen Leben (1960). München 2007.
Assmann, J.: Der Tod als Thema der Kulturtheorie. Frankfurt a. M. 2000.
Bolecka, A.: Der weiße Stein. Berlin 1998.
Canetti, E.: Die Provinz des Menschen. München/Wien 1973.
Eliot, T. S.: Beiträge zum Begriff der Kultur. In: Essays 1, Frankfurt a. M. 1967, S. 9–113.
Haderlap, M.: Engel des Vergessens. Göttingen 2011.
Henry, M.: Inkarnation. Eine Philosophie des Fleisches. 3. Auflage. Freiburg/München 2011.
Hummel, N.: Totentanz. Gedichte. München 2007.
Lévinas, E.: Die Zeit und der Andere (1948). Hamburg 1984.

Im April 2014 erscheint im Verlag Klöpfer & Meyer in Tübingen ein Essayband des Autors mit dem Titel »KUNST. RELIGION. Versuch über ein prekäres Verhältnis«. Dort wird auf die Beziehung zwischen Trauer und Kunst ausführlich eingegangen.

Gezeichnet. Die letzten Bilder der Helene Schjerfbeck

Petra Rechenberg-Winter

»Das Letzte fehlt immer in einem Kunstwerk, das Vollendete ist tot.«[1]

Und wenn ich mir die Freiheit nehme

2007 lockte ein anrührendes Plakat in die Hamburger Kunsthalle zur umfangreichen Retrospektive der Finnin Helene Schjerfbeck (1862–1946), die als skandinavischer Mythos der Moderne gilt, dort seit 1929 eine gefragte Künstlerin, doch im restlichen Europa trotz ihres umfangreichen Lebenswerkes mit knapp tausend realistischen Gemälden zu unrecht weitgehend unbekannt ist.

Kernstück dieser Ausstellung bildeten neben Stimmungsbildern mit Landschaftsmotiven, Stillleben und Personendarstellungen eine Reihe außergewöhnlicher Selbstbildnisse. Über siebzig Jahre, seit Beginn ihres künstlerischen Arbeitens bis zu ihrem Lebensende, setzte Helene Schjerfbeck sich in dieser Form mit sich selbst auseinander. Ein biographischer Monolog entstand, der nicht nur darin einzigartig ist, dass er von der Malerin bis kurz vor ihrem Tod fortgesetzt wurde, sondern der in seinen unterschiedlichen Darstellungen von existenziellen Lebenserfahrungen einer seit ihrer Kindheit kränkelnden Frau berichtet. Konsequent und in kompromissloser Offenheit führte sie diese Form der Selbstbefragung als über Achtzigjährige in ihrer letzten Serie (ab 1944) mit etwa zwanzig Selbstporträts ausdrucksstark fort. Dieser intensive persönliche Dialog mit dem Lebensende ist Gegenstand dieses Artikels.

Trotz großer internationaler Erfolge – beispielsweise erhielt sie auf der Pariser Weltausstellung 1889 eine Bronzemedaille für ihr Gemälde *Die Genesende* – lebte Helene Schjerfbeck nach Auslandsaufenthalten unter anderem in Paris, der Bretagne, Wien, Florenz, Sankt Petersburg und St Ives bereits seit 1902 sehr zurückgezogen. »Und wenn ich mir die Freiheit nehme, zurückgezogen zu leben, dann, weil das so sein muss, Geselligkeit, Geplauder machen mich todmüde.«[2]

Obwohl es nicht lustig ist, dauernd sich selbst anzustarren[3]

Diese von ihr bewusst gewählte Lebensform wird ihre eigenwillige künstlerische Entwicklung, mit der sie sich vom Stil ihrer Zeit zunehmend entfernte, maßgeblich unterstützt haben. Auch der Mangel an Modellen in ländlicher Region mag dazu beigetragen haben, sich experimentell und mutig immer wieder dem eigenen Porträt zuzuwenden. Ihr wichtigstes Motiv war sie selbst. Stets wählte sie dabei den Kopfbereich, der distanziert zum diffus angedeuteten Hintergrund bleibt und so in seinem Ausdruck eindeutige Priorität vor der Umwelt erhält.

Anfänglich farbiger und konventioneller begegnet Helene Schjerfbeck bald schonungslos ihren eigenen körperlichen Veränderungen, als würde sie in intensiver Selbstbefragung intime Zwiegespräche mit der Endlichkeit führen, um den Lebensgesetzen auf den Grund zu gehen. In konsequent verdichteter Formensprache wirkt sie wie eine gefasste Betrachterin spannungsvollster Auseinandersetzungen. Parallel dazu beschäftigt sie sich mit dem Zerfall auch in ihren Stillleben. Die dargestellten Gegenstände zeigen dies teilweise dermaßen deutlich, dass es sich bei der Bildbetrachtung fast erleben lässt. So inszeniert He-

Leidfaden, Heft 2 / 2014, S. 34–38, © Vandenhoeck & Ruprecht GmbH & Co. KG, Göttingen, 2014, ISSN 2192–1202

Helene Schjerfbeck (1862–1946), Self-Portrait with Black Background, 1915 (oil on canvas)/Ateneum Art Museum, Finnish National Gallery, Helsinki, Finland/The Bridgeman Art Library/© VG Bild-Kunst, Bonn 2014

lene Schjerfbeck durchgehend künstlerisch auf eine ganz eigene Weise die natürliche Vergänglichkeit und intensiviert mittels zunehmend vereinfachter Darstellung nachhaltig die Atmosphäre; bewusst hinterfragt sie ungeschönt: »Ich sehe mir ein Buch mit Selbstbildnissen von Malern an. Diejenigen, die sich geschönt haben, sind langweilig – Dürer und andere.«[4]

In ihren Porträts, diesen eindrücklichen Schauplätzen eigener Lebens- und Alterungsprozesse, stellt sie sich mutig komplexen körperlichen Veränderungen und wendet sich immer wieder aufmerksam der Endlichkeit ihrer eigenen Existenz zu. Dabei fallen die unterschiedlich ausgeprägten und verschieden ausgerichteten Augen auf. Als würden sie sich zwei verschiedenen Welten zuwenden, wirkt eines offen nach außen gerichtet während das andere Auge unnahbar dargestellt ist, so als hätte es sich in inneres Erleben zurückgezogen. Körperlicher Abbau bei innerem Wachs-

Helene Schjerfbeck (1862–1946), Self-Portrait with Red Spot, 1944 (oil on canvas)/Ateneum Art Museum, Finnish National Gallery, Helsinki, Finland/The Bridgeman Art Library/© VG Bild-Kunst, Bonn 2014

tum? Diesen wohl nur scheinbar widersprüchlichen Prozessen ihres Lebens entspricht es, dass sie ihr Motiv mehr und mehr vereinfacht, aufs Wesentliche fokussiert. »Wir brauchen nicht alle Einzelheiten aufzuzählen, der Wahrheit kommen wir mit einem Hinweis näher.«[5] Und gerade diese zunehmend sparsamer werdenden Hinweise eröffnen dem Betrachtenden innere Bilderbögen, wie eine Einladung, individuelles Erleben in einen größeren Zusammenhang zu stellen.

Helene Schjerfbeck konfrontierte sich und damit uns mit Verletzlichkeit und Alter, benennt Krankheit und Schmerz. Ihre Bilder dokumentieren Leid und Sterben und spiegeln Würde und Hoffnung. Diesen intensiven Monolog führte sie zum Lebensende hin zunehmend eindrücklicher und existenzieller. Radikal reduzierte sie ihre letzten Selbstbildnisse bis hin zu maskenhaften Kürzeln aus Bleistift- und Kohlelinien des eigenen Seins, das schattenhaft aus der Welt geht.

Mein Leben ist ein Sturm

Der Mut der Malerin zur künstlerischen Einzelgängerin, ihre bewusst gewählte Einsamkeit als Lebensform sowie ihre eigenständige Prägung durch sich selbst in empfindsamer wie kompromissloser Offenheit stelle ich mir als eine lebenslange geistige Auseinandersetzung vor, die ihr ebenso Strenge mit sich selbst wie Disziplin abverlangte.

Wie viel Anstrengung wird erforderlich gewesen sein, um ihren tiefen Erfahrungen bei beständigen gesundheitlichen Einschränkungen malend zu begegnen? »Wenn man nun diese Lust zu malen hat – warum wird sie einem durch ständige Krankheiten genommen? In 50 Jahren keinen gesunden Tag. Man ist so müde vom Kampf – möchte sich setzen und nur ein kleines, müdes, Strümpfe strickendes Wesen sein. Aber dann lockt die Kunst wieder – und doch ist es eine Frechheit, meine Arbeit Kunst zu nennen.«[6]

Hinzu kamen bedrohliche politische Entwicklungen. Im finnisch-russischen Winterkrieg wurde sie 1939 umgesiedelt und zog 1944 mit Hilfe von Freunden ins schwedische Saltsjöbaden. Von dort berichtete sie ihrer Nichte: »Bin in gewisser Weise sehr zufrieden. Nur fällt es mir schwer zu glauben, so war es immer.«[7] Doch auch zu diesen Lebensbetrachtungen gehört die Schattenseite, die sie ein Jahr später bewegend formuliert: »Ich bin allein auf der Welt und hilflos – ich lebe in Angst vor allem.«[8] Derart angedeutete innere Prozesse von Dankbarkeit, Entwurzelung, Schrecken, Sorge und Kraftlosigkeit drücken sich in ihren Selbstbildnissen vielsagend wie eindringlich neben den Augendarstellungen in den teils fest geschlossenen Lippen und dem mitunter leicht geöffneten Mund ihrer Selbstbetrachtungen aus. Gefasste Ruhe, innere Kämpfe und Einverständnis? »Mein Leben ist ein Sturm – das ist etwas, das niemand glauben wird.«[9]

Stürme durchziehen jedes menschliche Leben, wenn auch in individuell unterschiedlicher Ausprägung und Heftigkeit. Es ist Helene Schjerfbecks großes Verdienst, diese und die damit verbundenen Sinnfragen mit ihren Bildern aus den Räumen individuellen Rückzugs in den öffentlichen Gesellschaftsraum gestellt zu haben.

»Einmal hat jemand mich angesehen und gesagt: ›Sie interessieren sich nicht für Kleinigkeiten in Gefühlsangelegenheiten‹ – ich fürchte, ich begehre große, tiefe und wunderbare Dinge.«[10] In ihrer Malerei hat sie die tiefen Lebensthemen aufgegriffen, lässt uns Betrachtende großzügig an ihrem klaren Blick auf ihr Persönlichstes, nämlich das eigene Selbst, teilhaben und zeichnet besonders eindrücklich in ihren letzten Zeichnungen nach, wie das Leben sie gezeichnet hat.

Petra Rechenberg-Winter ist Erziehungswissenschaftlerin, Psychologin, Kinder- und Jugendlichenpsychotherapeutin, Schreibwissenschaftlerin und arbeitet in eigener Praxis in den Bereichen Einzel-, Paar- und Familientherapie, Supervision, Mediation und Schreibcoaching. Sie bildet als Lehrtherapeutin und Lehrsupervisorin in systemischen Weiterbildungen sowie als Dozentin in Palliative Care aus.

E-Mail: petra.rechenberg-winter@vr-leidfaden.de

Literaturhinweise

Basörtu, F.: Helene Schjerfbecks Selbstportraits und die Entwicklung ihres Malstils. Hausarbeit. 2008. http://www.grin.com/e-book/111570/helene-schjerfbecks-selbstportraits-und-die-entwicklung-ihres-malstils

Facos, M.: Helene Schjerfbeck's Self-Portraits: Revelation and Dissimulation In: Woman's Art Journal, 1995. http://www.jstor.org/pss/1358625

Helene Schjerfbeck. Retrospektive. Ausstellungskatalog von Helene Schjerfbeck (2007). München. http://www.art-magazin.de/kunstmarkt/5422/helene_schjerfbeck_auktion

Anmerkungen

1 An Dora Estlander, 1928 undatiert, zitiert nach A. Görgen: »... und ich fürchte, ich begehre große, tiefe und wunderbare Dinge«. Helene Schjerfbeck – Beredte Stille. In: Helene Schjerfbeck. Ausstellungskatalog, 2007, S. 9.

2 An Teodor Schallin, 15.01.1932, zitiert nach A. Görgen: »... und ich fürchte, ich begehre große, tiefe und wunderbare Dinge«. Helene Schjerfbeck – Beredte Stille. In: Helene Schjerfbeck. Ausstellungskatalog, 2007, S. 15.

3 Broschüre der Hamburger Kunsthalle zur Ausstellung, S. 8.

4 An Helena Westermarck, 28.07.1929, zitiert nach L. Ahtola-Moorhouse: »Im Grunde ist es wohl das Menschenleben, das mich fasziniert«. Das Leben und das Werk. In: Helene Schjerfbeck. Ausstellungskatalog, 2007, S. 30.

Helene Schjerfbeck (1862–1946), Self Portrait of the Artist with Eyes Closed, 1945 (charcoal on paper)/ Private Collection/Photo © Christie's Images / The Bridgeman Art Library/© VG Bild-Kunst, Bonn 2014

5 An Einar Reuter, 16.04.1917, zitiert nach A. Görgen: »… und ich fürchte, ich begehre große, tiefe und wunderbare Dinge«. Helene Schjerfbeck – Beredte Stille. In: Helene Schjerfbeck. Ausstellungskatalog, 2007, S. 11.

6 An Einar Reuter, 22.02.1927, zitiert nach A. Görgen: »… und ich fürchte, ich begehre große, tiefe und wunderbare Dinge«. Helene Schjerfbeck – Beredte Stille. In: Helene Schjerfbeck. Ausstellungskatalog, 2007, S. 15.

7 An Hanna Appelberg, 15.10.1944, zitiert nach L. Ahtola-Moorhouse: »Im Grunde ist es wohl das Menschenleben, das mich fasziniert«. Das Leben und das Werk. In: Helene Schjerfbeck. Ausstellungskatalog, 2007, S. 30.

8 An Aina Fredriksson, Dreikönigstag 1945, zitiert nach L. Ahtola-Moorhouse: »Im Grunde ist es wohl das Menschenleben, das mich fasziniert«. Das Leben und das Werk. In: Helene Schjerfbeck. Ausstellungskatalog, 2007, S. 30.

9 An Helena Westermarck, 20.01.1933, zitiert nach A. Görgen: »… und ich fürchte, ich begehre große, tiefe und wunderbare Dinge«. Helene Schjerfbeck – Beredte Stille. In: Helene Schjerfbeck. Ausstellungskatalog, 2007, S. 17.

10 An Dora Estländer, 1928, zitiert nach A. Görgen: »… und ich fürchte, ich begehre große, tiefe und wunderbare Dinge«. Helene Schjerfbeck – Beredte Stille. In: Helene Schjerfbeck. Ausstellungskatalog, 2007, S. 15.

Tanz und Bewegung – Körperorientierte Trauerarbeit

Dirk Matzik

> *»Oh Mensch, lerne tanzen, sonst wissen die Engel im Himmel mit dir nichts anzufangen.«*
> Aurelius Augustinus (13.11.354–28.08.430), Kirchenlehrer, christlicher Theologe und Philosoph

Wir wissen, dass Trauer eine Fähigkeit ist, die uns darin unterstützt, Abschiede und Wandlungsphasen in unserem Leben zu überleben beziehungsweise wohlbehalten zu durchleben. Erfreulicherweise hat sich in den letzten Jahrzehnten das Wissen über das, was in Trauerphasen unterstützend wirkt, enorm vertieft und ausgeweitet. Immer wieder wird dabei auch nach neuen Modellen von Trauerbegleitung gesucht, wobei das Grundlegende immer gleich bleibt. Trauerarbeit ist neben dem rationalen Verstehen von Trauer insbesondere ein Weg, Trauer zum Ausdruck zu bringen. Einer meiner Lehrer sagte mir einmal, es gibt keinen Weg um die Trauer herum, nur einen Weg mitten hindurch.

Mein Ansatz, Trauerphasen mit Bewegung und Tanz zu durchleben, beruht auf der Erkenntnis, dass Körper, Geist und Seele den ganzen Menschen ausmachen und eine Einheit bilden, die eingebettet ist in ein größeres Ganzes. Dabei ist »das Ganze mehr als die Summe seiner Teile« (Aristoteles).

In dieser Einheit wirken alle Teile aufeinander, das heißt, wenn ich mich auf der geistigen Ebene bewege, hat das Auswirkung auf Körper und Seele, und wenn ich mich auf der Körperebene bewege, berührt es auch den Geist und die Seele. In dieses Ganze ist das Geheimnis des Lebens eingebunden, das uns belebt und bewegt.

Jeder Mensch, der sich in Trauerphasen erlebt, wird wahrnehmen können, dass das, was er mit sich erfährt, nicht vollständig in Worte zu fassen ist. Uns fehlen die Worte, die das, was wir fühlen, wirklich zum Ausdruck bringen. Worte umschreiben unsere Situation, doch Trauer will gelebt, gefühlt und zum Ausdruck gebracht werden.

Der Körper lügt nicht

Aber wo fühlen wir, wo spüren wir und wo begegnen wir uns selbst im Hier und Jetzt am deutlichsten? Es ist unser Körper, der uns darüber Auskunft gibt, was gerade der nächste Schritt auf unserem Lebensweg ist, und der uns spüren lässt, dass wir leben.

Schmerz und Trauer sind ebenso selbstverständliche Bestandteile unseres Lebens wie Freude und Glück. Der Schlüssel, der uns Menschen gut leben lässt, liegt in der Annahme dessen, was unsere Wahrheit ist. Unser Verstand ist trickreich und mit ihm sind wir in Gefahr, im gedanklichen Abwägen der vielen Möglichkeiten, uns selbst abhanden zu kommen.

Aber, wie wir aus körpertherapeutischer Sicht wissen, der Körper lügt nicht. Er gibt klare Signale für das, was gerade notwendig ist, damit wir gut für uns sorgen. Somit ist das Erspüren unseres Körpers eine Erfahrung der eigenen Wahrheit, die uns zu dem bringt, was der nächste Schritt auf unserem Lebensweg sein kann.

In der Bewegung durch Tanz mit besonders dafür ausgesuchter Musik begegnen wir uns selbst in unserem menschlichen Potenzial. Wenn wir uns von Musik bewegen lassen, spüren wir uns selbst und begegnen der Situation, die gerade unsere Wahrheit ist. Wir begegnen unserer Trauer genauso wie unserer Freude. So sind Tanz und

Leidfaden, Heft 2/2014, S. 39–43, © Vandenhoeck & Ruprecht GmbH & Co. KG, Göttingen, 2014, ISSN 2192-1202

Bewegung aus meiner Sicht Türöffner – sie sind eine große Möglichkeit, Trauer zu erwärmen oder auszudrücken.

Musik ist dabei ein Medium, das direkt unsere Gefühlswelten berührt, ohne von unserer Ratio gefiltert zu werden. Wer sich mit Musik beschäftigt und die unterschiedlichen Musikrichtungen und -stile kennenlernt, wird sich mit einer unendlichen Vielfalt konfrontiert sehen. Die Kunst ist, in den verschiedenen Genres die Spreu vom Weizen, das Triviale vom Bedeutenden zu trennen hinsichtlich der Möglichkeit, mit Musik heilsame Prozesse zu initiieren.

In der Musik drückt sich der Künstler in einer Sprache aus, mit der in unvergleichlicher Weise Gefühle und Zustände oder eine Qualität des Lebens transportiert werden können. Wenn wir traurig sind, können wir in bestimmten Musikstücken eine Resonanz spüren und somit unserem tatsächlichen Zustand näher sein. Genauso

Henri Matisse, The Dance, 1909–10 / Eremitage, St. Petersburg, Russia / The Bridgeman Art Library / © VG Bild-Kunst, Bonn 2014

verhält es sich mit Freude, Wut, Sehnsucht, Aufbruchs- und Abschiedsstimmungen und vielen anderen Lebensqualitäten.

Tanz ist zu allen Zeiten ein ganzheitliches Medium gewesen, durch das sich das Innere der Menschen zum Ausdruck gebracht hat. Mit zeremoniellen Tänzen wie Freuden-, Geburtstags-, Heil- und Totentänze wurde das soziale Gefüge der Gemeinschaft stabilisiert und der Einzelne in seiner individuellen Befindlichkeit integriert.

In der Trauerarbeit können die Betroffenen im Tanz eine wunderbare Möglichkeit finden, das, was nicht in Worte gefasst werden kann, über den Körper zu erfahren und damit in der Welt sichtbar zu werden.

Wir leben in einer Zeit, in der unser Körper eine untergeordnete Rolle spielt. Unser Denken, unsere rationale, logische Welt ist der Ort, an dem wir uns vorwiegend aufhalten. So surfen wir von der Vergangenheit in die Zukunft und sind in Gefahr zu verlernen, wie wir in der Gegenwart zu Hause sein können.

Das, was uns tröstet und Linderung bringt, ist, im Hier und Jetzt der Lebensspur zu folgen und unsere Trauer und unsere Freude im Kontakt mit anderen Menschen zu leben. Bewegung in einer Gruppe ermöglicht diesen Kontakt, indem wir zum Beispiel einen anderen Menschen an die Hand nehmen, ein Stück gemeinsamen Weges gehen oder auch die Hände fühlen, drücken oder streicheln. Allein, zu zweit oder in der Gruppe zu tanzen, ist im Augenblick gelebte Traurigkeit oder auch Freude.

»Beweg dich, dann bewegt sich was«

Wie sehr Bewegung und Tanz trauernden Menschen Ausdrucksmöglichkeiten eröffnen, habe ich in meiner zwanzigjährigen Erfahrung als Leiter von Trauerseminaren immer deutlicher erfahren und meine Begeisterung für die körperorientierte Trauerbegleitung entflammt immer wieder aufs Neue.

Grundlegend für Seminare dieser Art ist eine Gruppe, in der jede Person eine wenn auch noch so zarte Bereitschaft mitbringt, in ihrer individuellen Menschlichkeit sichtbar zu werden. Obwohl sich die Menschen am meisten davor fürchten, ihr Gesicht zu verlieren.

Doch was wird dann sichtbar? Der Mensch! Der Mensch in seiner Unvollkommenheit mit seinem Licht und seinem Schatten und seiner Sehnsucht nach Liebe und einem guten Leben? Und erkennen wir darin nicht auch uns selbst?

Neben der Bereitschaft, sich zu zeigen, ist auch eine Offenheit erforderlich, Berührung zu erlauben und mit dem Körper der anderen Teilnehmerinnen und Teilnehmer in Kontakt zu treten. Zugleich sollten die Teilnehmer sich bewegen wollen, denn darin liegt bereits eine wichtige Veränderungsmöglichkeit in Richtung eines besseren Zustands: »Beweg dich, dann bewegt sich was.«

Vor dem Hintergrund, dass trauernde Menschen Schutz, einen neuen und tragfähigen Boden suchen und sich danach sehnen, die kräftezehrenden Gedankenschleifen zu verlassen, geht es bei der Berührung darum, im eigenen Lebenspotenzial bewusst anzukommen. Die Gedanken zu lassen und sich auf das Spüren im Körper zu konzentrieren verhilft dazu, in zuvor nicht geahnter Weise bei sich selbst und in der Gegenwart anzukommen, in einer Ganzheit, die durch Spüren und nicht über das Denken und Analysieren erfahrbar wird.

Damit ein Trauerseminar mit Tanz und Bewegung gelingt, ist ein großer Erfahrungsschatz an Leitungskompetenz, Sicherheit in der Auswahl der Musik und den damit verbunden Bewegungsimpulsen erforderlich. Dazu gehören eine Sprache und Ansprache, die aus dem Herzen kommen, die die Teilnehmer erreichen und motivieren, sich immer tiefer einzulassen.

Bei sich selbst ankommen

Im Folgenden will ich einige Beispiele geben, die verdeutlichen, inwieweit Tanzen und Musik Trauernde unterstützen können.

So gelingt es zum Beispiel über Angebote, sich im großen Kreis beim Tanz anzuschauen, sich in einer besonderen Weise zu begegnen. Im Kreis können wir zunächst die Mimik und das Gesicht des Anderen wahrnehmen. Dann ist es möglich, im Menschen gegenüber die Einzigartigkeit zu sehen, ihn in seinem Sein und Ausdruck wertzuschätzen, vielleicht sogar im Verlauf des Seminars den Schatz zugleich in ihm und in sich selbst zu entdecken.

Im Weiteren können, angeregt durch entsprechende Musik, Traurigkeit, Wut oder auch Freude in Bewegung umgesetzt werden und so zum jeweils ganz individuellen Ausdruck finden. Dabei gibt es kein Richtig oder Falsch, die Teilnehmerinnen und Teilnehmer folgen dem eigenen Bewegungsfluss, der sich aus dem Erleben von Selbst- und Fremdwahrnehmung ergibt. Jeder darf im ureigensten Gefühl und Ausdruck sein, wobei die Bewegung oft erstmals eine große, lange ersehnte Freiheit schafft, sich ohne Maske oder Anpassung zu zeigen. Wenn ein Mensch den Mut und das Vertrauen findet, sich in seiner Befindlichkeit so zu zeigen, dann ist es ein Geschenk für die Mitmenschen, weil alle anderen sich potenziell in ihm wiedersehen können. In solch einer Situation den Zuspruch der Gruppe zu erfahren, stärkt das Selbstwertgefühl und macht nicht nur trauernden Menschen Mut, sich in ihrer Menschlichkeit zu zeigen.

In Kreistänzen wird die Gemeinschaft spürbar und es realisiert sich: Wir sind nicht allein. Dabei vermittelt eine Übung zur Berührung der Hände nicht nur eine Erfahrung, die deutlich macht, wie sich die Hände der anderen Teilnehmer anfühlen. Es wird auch deutlicher, wie sich die eigene Hand anfühlt. Und so ist das Spüren zugleich eine Form des Ankommens bei sich selbst und bei den anderen.

Mit Musik, die zur Leichtigkeit anregt, kann die Gruppe spielerisch aus sich herauskommen. Tanzimpulse wie: »Lass dich gehen«, »erlaube es dir, dich in deiner Art und Weise zu bewegen«, »fühl dich frei, Kontakt zu machen, indem du berührst oder Berührung erlaubst«, bieten einen weiten Erfahrungsraum. Schon bei solchen einfachen Impulsen sind individuelle Grenzen und Freiheiten erfahrbar. In dem Maße, wie es den Teilnehmern und Teilnehmerinnen deutlicher wird, wer die anderen sind, wachsen Vertrauen und die Möglichkeit, sich zu öffnen.

Oft beklagen trauernde Menschen, dass sie ihren Boden verloren haben und Angst haben, in ein tiefes Loch zu fallen. Musik, die erdet und ein Gefühl von Boden vermittelt, finden wir zum Beispiel in afrikanischer Trommelmusik. Wenn die Teilnehmer darin angeleitet werden, mit dieser Musik den Boden zu entdecken, kommt es zu einer tiefgreifenden Wahrnehmung des Bodens im Verhältnis zum eigenen Körper. Dies hilft, im Hier und Jetzt anzukommen und zu spüren: Wenn ich falle, dann falle ich nicht tiefer als auf den Boden unter meinen Füßen.

Von ganz besonderer Bedeutung ist die Bereitschaft, jedem Teilnehmer mit wirklicher Wertschätzung zu begegnen. Es ist grundlegend, die Gruppenmitglieder als ein Geschenk und jeden Einzelnen als ein wunderbares Wesen zu sehen, das es zu entdecken gilt und von dem jeder profitieren kann. Hierbei geht es nicht um Friede, Freude, Eierkuchen und auch nicht um Kuschelatmosphäre. Es geht um die Annahme, dass uns das Leben selbst unterstützt und in jedem Mitmenschen zum Ausdruck kommt. In der letzten Zeit kamen mir in diesem Zusammenhang immer wieder Worte von Jesus Christus in den Sinn: »Wenn sich zwei oder drei in meinem Namen versammeln, dann bin ich mitten unter euch.« Auch unabhängig von einer religiösen Haltung zeigt doch die Erfahrung, dass, wenn Menschen so zusammenfinden, eine Atmosphäre entsteht, in der sich jeder in besonderer Weise eingeladen, aufgehoben und geliebt fühlen kann.

In geheimnisvoller Weise sind wir miteinander verbunden und kommen alle vom selben Stern, wie es die Gruppe »Ich und Ich« in einem ihrer Songs ausdrückt. Hierbei geht es wirklich um Liebe und insbesondere um die Selbstliebe. Einen trauernden Menschen von Herzen und einfühlsam zu berühren kann mehr Trost auslösen als tausend Worte. Mit unserem Körper können wir berühren und Berührung erfahren. Die Erfahrung, uns »berührt« zu fühlen, hat viel damit zu tun, wie sehr wir die Berührung annehmen können.

So wie ich es bei mir und anderen Menschen beobachten durfte, wächst die Fähigkeit, auch Verluste anzunehmen, mit ständiger Übung im Alltag. So ist das Leben stets ein Übungsweg und viel mehr noch ein sprudelnder Quell von Möglichkeiten, der uns immer wieder neu einlädt zu beginnen.

Sicherlich gibt es viele Wege, auf denen sich der Mensch selbst begegnen kann. Da ich mich so sehr beschenkt fühle von dem Glück und der Freude darüber, wie wunderbar das Leben ist, ist es mir ein großes Anliegen, auch andere Menschen darauf aufmerksam zu machen, welche große Möglichkeit dabei im Erspüren unseres Körpers liegt. Die Erfahrung, die wir auf dem Weg unseres Lebens machen, zeigt auch, dass wir unseren Weg stets unvollkommen gehen. Da ist jedoch immer die Einladung des Lebens: Lass dich ein und beginne immer neu. Fang an, dich zu bewegen, und mache dich auf zu den Quellen deines Daseins.

Dieser Anfänger-Geist ist eine nie endende Möglichkeit, sich aufzutanken mit den lebendigen Wassern des Lebens. Und es ist immer wieder das Gleiche, ohne je Wiederholung zu sein. Es ist eine verjüngende Erfahrung, das Leben zu spüren und sich berührt zu fühlen vom Wunderbaren.

All diese aufgezeigten Möglichkeiten, Erfahrungen und Veränderungen, die durch Körperwahrnehmung, Bewegung und Tanz in Trauerseminaren genutzt werden können, sollten nicht nur Trauernden, sondern allen Menschen Mut machen. Mut machen, sich einzulassen auf diese vielleicht ganz neue, ungewohnte Art, sich auszudrücken und im inspirierenden Kontakt mit anderen Menschen zu sein. Dann wissen wir Menschen wirklich etwas miteinander anzufangen und letztendlich auch die Engel im Himmel …

Dirk Matzik ist Sozialpädagoge und psychotherapeutischer Heilpraktiker. Ausbildungen als Sozial- und Suchtkrankentherapeut, in systemischer und klientenzentrierter Gesprächsführung, Psychodrama und professioneller Trauerarbeit. Langjährige Selbsterfahrung in den Bereichen Ausdruckstanz, körperorientierte Psychotherapie und Zen-Meditation. Er ist seit 1988 in den Bereichen Psychotherapie, Trauerbegleitung, Supervision, Seminar- und Ausbildungsleitung tätig und leitet das T.A.B.U.-Zentrum für Trauerbegleitung, Therapie und Weiterbildung.

E-Mail: trauart@online.de
Website: www.trauart.de

Käthe Kollwitz: »Trauernde Eltern«

Die Entstehung einer Skulptur

Elke Hoffmann

In der Nacht vom 22. auf den 23. Oktober 1914 fällt Peter Kollwitz, der jüngere Sohn von Käthe Kollwitz, mit achtzehn Jahren als Erster seines Regiments an der Front in Belgien. Am 30. Oktober erhalten die Eltern die Nachricht. Kommentarlos schreibt Käthe Kollwitz in ihr Tagebuch: »*Ihr Sohn ist gefallen*« (Kollwitz 1999, S. 174).

Heut Nacht den Plan zu einem Denkmal für Peter gefasst …

Wenige Wochen später fasst Käthe Kollwitz den Entschluss zu einem Denkmal für ihren Sohn. »*Heut Nacht den Plan zu einem Denkmal für Peter gefaßt, aber wieder aufgegeben, weil es mir unausführbar schien. (…) Das Denkmal soll Peters Gestalt haben, ausgestreckt liegend, den Vater zu Häupten, die Mutter zu Füßen, es soll dem Opfertod der jungen Kriegsfreiwilligen gelten. Es ist ein wunderschönes Ziel, und kein Mensch hat ein solches Anrecht darauf, dieses Denkmal zu machen, wie ich. Diese Einsamkeit jetzt« (Kollwitz 1999, S. 177)*. Achtzehn Jahre wird es dauern, bis das Denkmal schließlich seinen Platz auf dem Soldatenfriedhof in Roggevelde/Belgien findet.

Etwa vier Jahre lang arbeitet Käthe Kollwitz an einer Dreifigurengruppe – dem liegenden toten Soldaten (Peter), der knienden Mutter und dem knienden Vater. Die Arbeit an der Figurengruppe ist für Käthe Kollwitz mehr, als sich jemals Betrachtenden erschließen kann. Der Tod ist das Thema der Arbeit, und dass ihr Sohn tot ist, wird Käthe Kollwitz im kreativen Schaffen immer wieder erschreckend klar. »*Heute arbeitete ich zum ersten Mal an seinem Kopf. Mit Weinen*« – und etwas später: »*Ich komme ganz langsam mit der Arbeit voran. Sie ist etwas anderes als die anderen Arbeiten. Sie ist viel weniger eine künstlerische Angelegenheit als eine menschliche. In erster Linie eine Angelegenheit zwischen Peter und mir« (Kollwitz 1999, S. 196)*.

Leidfaden, Heft 2 / 2014, S. 44–47, © Vandenhoeck & Ruprecht GmbH & Co. KG, Göttingen, 2014, ISSN 2192-1202

Käthe Kollwitz, Die Eltern, Vladslo (Belgien), Skulpturen im Park/© VG Bild-Kunst, Bonn 2014

Zwischenzeitlich beginnt sie mit der Gestaltung einer Tafel nur für Peters Grab. Sie modelliert ein Elternpaar, das sich gegenseitig berührt, umarmt, gemeinsam trauert. Die Arbeit lässt in ihr einen neuen Gedanken entstehen: *»Gut und ruhig am Relief gearbeitet, dann dadurch auf etwas Neues gekommen. Oder vielmehr dasselbe Motiv, nur als Rundplastik. Kurze Skizze gemacht, Mann und Frau kniend von vorn gegeneinander gelehnt. Ihr Kopf sehr tief an seiner Schulter« (Kollwitz 1999, S. 340).*

Die Arbeit an der Dreifigurengruppe dagegen gerät ins Stocken. Neben handwerklichen Schwierigkeiten sind es depressive Phasen und Zweifel am Sinn des Krieges: »*Stillstand der Arbeit. Wenn ich mich so dürr fühle, sehne ich mich fast nach dem Schmerz zurück. Und wenn er wiederkommt, dann fühle ich, wie er körperlich alle Kraft nimmt, die zur Arbeit nötig ist*« (*Kollwitz 1999, S. 268*). Dürre bedeutet, dass Peters Bild nicht mehr so nah und lebendig in ihr ist, dass sie sich Peter entfremdet. Im Schmerz dagegen ist der Sohn ihr ganz nah.

Meine unhaltbar widerspruchsvolle Stellung zum Kriege

Gleichzeitig die Auseinandersetzung mit dem Krieg: »*Meine unhaltbar widerspruchsvolle Stellung zum Kriege. Wie ist die gekommen? Durch Peters Opfertod. (…) Ich glaube, Peter nur behalten zu können, wenn ich, was er mir damals lehrte, nicht mir entziehen lasse. Nun dauert der Krieg zwei Jahre und 5 Millionen Männer sind tot und mehr als noch einmal so viele Menschen sind unglücklich geworden und zerstört. Gibt es noch irgend etwas, was das rechtfertigt?*« (*Kollwitz 1999, S. 270*). Ihre kritische Haltung zum Krieg empfindet sie zunächst als Treulosigkeit ihrem gefallenen Sohn gegenüber. Die Erkenntnis, dass der »Opferhügel« letztendlich nichts anderes ist als eine »Schlachtbank«, findet in vielen Werken Ausdruck.

Nachdem sie ihr Denkmalvorhaben zunächst aufgibt, entsteht in den Jahren 1922/23 der Zyklus *Krieg*. Blatt 3 greift das Motiv der »Eltern« auf. Der Holzschnitt zeigt ein kniendes Paar, eng zusammengerückt und einander zugewandt. Trauer und Schmerz sind offensichtlich – etwas, was der Dreifigurengruppe fehlte. An die Künstlerin Erna Krüger schreibt Käthe Kollwitz: »*Ich bin mit der Holzschnittfolge zum Krieg fast fertig (..) Es steckt darin die Auseinandersetzung mit dem Stück Leben, das die Jahre 1914–1918 umfassen, und diese Jahre waren schwer zu fassen*« (*Kollwitz 1966, S. 95*).

Wandelnde Trauer

Die sich wandelnde Trauer führt schließlich zu einer veränderten Gestaltung des Denkmals. Nach fast fünfjähriger Unterbrechung greift Käthe Kollwitz ihr Vorhaben wieder auf. In ihrem Tagebuch erwägt sie drei Möglichkeiten: ein Eingangsportal zum Friedhof in Roggeveld mit einer Inschrift über dem Eingang und beiderseits überlebensgroß die trauernden Eltern; eine vollplastische Ausarbeitung der Mutter- und Vaterfigur; kein Portal, doch zwischen den knienden Eltern eine eingemeißelte Inschrift im Bodenbereich.

Käthe Kollwitz fragt sich, ob ihre körperlichen Kräfte reichen. Gleichzeitig fühlt sie diese Arbeit als Lebensaufgabe. »*Dann wenn ich Peter und den Jungen das noch gearbeitet hätte, dann könnte ich wirklich die Hände in den Schoß legen und ans Sterben denken*« (*Kollwitz 1999, S. 565*). Soll zunächst die Figur der Mutter knien und mit ausgebreiteten Händen über die Gräber blicken, während der Vater die Hände im Schoß zusammenpresst, entwickelt die Künstlerin, nachdem ihr das Tonmodell vom Drehblock stürzt, eine neue Variante: »*Die Mutter kniend in Vorwärtsstreckung, die Hände in liebevoller Haltung unter dem Gesicht übereinandergelegt, den Kopf wenig hinüber. Sie umfasst mit den Augen alle Gräber, lächelt zärtlich, liebt alle*« (*Kollwitz 1999, S. 608*). Noch einmal wiederholt sich ihr Missgeschick, doch trotz starker Niedergeschlagenheit versucht sie eine neue Fassung, da die alte nicht zu rekonstruieren ist. Diese lässt sie im März 1926 in Gips gießen und fotografieren.

Unterschiedliche Aspekte von Trauer begegnen in dieser Fassung der Elternfiguren. Der Vater kniet aufrecht, die Arme vor der Brust verschränkt. Er wirkt beherrscht, mit den Armen scheint er sich selbst zu schützen. »Das Antlitz des Vaters drückt Schmerz aus, aber er erträgt ihn aufrecht. Das gelingt ihm möglicherweise nicht zuletzt deswegen, weil auch Zorn in seinem Gesicht zu erkennen ist: Zorn über den Betrug an den Menschen« (Pohl 1999, S. 120). Ganz anders die Figur der Mutter: Wie der Vater hat sie die Arme vor der Brust verschränkt, doch zusammen mit dem gesenkten Kopf und dem alles verhüllenden Gewand, wirkt sie wie in ihrer Trauer versunken. Sie stemmt sich nicht gegen den Schmerz an, sondern durchleidet ihn.

Mit Unterbrechungen arbeitet die Künstlerin weiter an der Mutterfigur. Bei der Durchsicht ihrer Skizzen notiert sie in ihr Tagebuch: »*Und wie ich Blatt für Blatt ansehe, kommt überwältigend jene Zeit mit nahe. Jene Zeit, in der ich ganz in Peter lebte. Vom Morgen bis zum Abend, wo er mich umgab, mir ganz nahe und gegenwärtig war, wo Schmerz, Liebe, strömende Liebe und Sehnsucht mein Mantel war, der mich ganz einhüllte. Wo ich weinte« (Kollwitz 1999, S. 640).* Vielleicht ist es dieser Mantel aus Schmerz, Liebe und Sehnsucht, der die Figur der Mutter schließlich umhüllt.

Trauernde Eltern

Im April 1928 erhält die Figur der Mutter die Gesichtszüge der Künstlerin. »*Mit einemmal fiel mir mein Selbstbild in Gips ein, das seit 3/4 Jahr noch nicht wieder ausgepackt im Atelier steht. Ich wickle es aus und es fällt mir wie Schuppen von den Augen, daß mein eigener Kopf doch gut zu gebrauchen ist und daß ich nach dieser lebensgroßen Studie arbeiten kann« (Kollwitz 1999, S. 641).* Anders als das Selbstbildnis, das sehr detailgetreu gearbeitet ist, erhält die Mutterfigur vereinfachte Gesichtszüge. Es ist anzunehmen, dass nach dieser Korrektur auch die Vaterfigur andere Gesichtszüge erhält – die ihres Mannes Karl.

Drei Jahre später stellt sie die ausgearbeiteten Figuren in der Akademie der Künste in Berlin aus: »*Das ist ein großer Abschnitt, ein ganz bedeutsamer Punkt. Seit Jahren in gänzlicher Stille an ihnen gearbeitet, keinen, kaum Karl und Hans dazu gelassen, mach ich jetzt die Türen weit auf, daß möglichst viel Menschen sie sehn. Ein großer Schritt, der mir Aufregung und Sorge gemacht hat, der mich aber auch beglückt hat durch die geschlossene Anerkennung der Kollegen. (...) Im Juni gehts dann an die Weiter- und Zuendeführung. Im Herbst – Peter – bring ich sie zu dir« (Kollwitz 1999, S. 654).*

1932, fast achtzehn Jahre nach Peters Tod, werden die *Trauernden Eltern* im Beisein von Käthe und Karl Kollwitz auf dem Soldatenfriedhof in Roggeveld aufgestellt. Käthe Kollwitz schreibt später: »*Rückblickend auf die Zeit in Belgien ist mir am schönsten in Erinnerung der letzte Nachmittag (...) wir gingen von den Figuren zu Peters Grab und alles war lebendig und ganz gefühlt. Ich stand vor der Frau, sah ihr ins Gesicht – mein eigenes Gesicht – weinte und streichelte ihr die Backen. Der Karl stand dicht hinter mir – ich wußte es noch gar nicht. Ich hörte ihn flüstern: ›Ja, ja.‹ Wie waren wir da zusammen« (Kollwitz 1999, S. 669).*

Heute stehen die *Trauernden Eltern* auf dem deutschen Soldatenfriedhof Vladslo-Praetbos, wohin sie 1956 im Rahmen von Grabzusammenlegungen umgesetzt wurden. Besucher/-innen blicken über das gesamte Gräberfeld hinweg auf die Trauernden Eltern, zu deren Füßen die Gefallenen von Roggeveld ruhen.

Elke Hoffmann ist Pastorin, Systemische Therapeutin (DGSF), Erwachsenenpädagogin, Trauerbegleiterin (ITA), Palliative Care Consultant, Mitglied im Bundesverband Trauerbegleitung e. V. Sie arbeitet freiberuflich in den Bereichen Trauerbegleitung sowie in Aus- und Fortbildung und seit 2007 als Koordinatorin des Hospizvereins Segeberg.

E-Mail: info@leben-begleiten.de

Literaturhinweise

Fischer, H. (Hrsg.): Käthe Kollwitz. Die trauernden Eltern. Ein Mahnmal für den Frieden. Köln 1999.

Kollwitz, K.: Briefe der Freundschaft und Begegnungen. Hrsg. von Hans Kollwitz. München 1966.

Kollwitz, K.: Briefe an den Sohn 1904–1945. Hrsg. von Jutta Bohnke-Kollwitz. Berlin 1992.

Kollwitz, K.: Die Tagebücher. Berlin 1999.

Pohl, C.: Metamorphose der Trauer. In: H. Fischer (Hrsg.): Käthe Kollwitz. Die trauernden Eltern. Ein Mahnmal für den Frieden. Köln 1999, S. 119–122.

Tegtmeyer, C.: Die trauernden Eltern – zur Genese der Skulpturen von Käthe Kollwitz. In: H. Fischer (Hrsg.): Käthe Kollwitz. Die trauernden Eltern. Ein Mahnmal für den Frieden. Köln 1999, S. 83–106.

© Jörg Länger/VG Bild-Kunst, Gaia, 2012, Mischtechnik auf grundiertem Alu-Dibond, 150 × 150 cm
Protagonist nach:
Egon Schiele, Sitzender männlicher Akt mit erhobenen Armen, 1910

Über die Angst des Betrachters vor dem Bilde

Jörg Länger

Keine Geburt ohne Schmerzen

Jeder Künstler kennt wohl den Schmerz des Gebärens. Und er hat Angst davor. Der Maler verspürt ihn als Horror Vacui, die Angst vor der leeren Leinwand, die Angst, in ein Nichts hineinzuarbeiten – wie soll der Maler das können, wenn Hunderte von Jahren herrlichster Bildschöpfungen auf ihn einstürmen und sich vor die jungfräuliche Leinwand drängen! Wie soll er da etwas schöpfen, das neu ist und wert, angeschaut zu werden?! Übervoll mit dem Wissen um das von anderen und Früheren schon Geleistete soll die Seele, der eigene Geist aus seinen individuellen Erfahrungen und Fähigkeiten auf dieser schönen monochromweißen Fläche etwas schaffen, das die Welt bereichern wird! Vor dem Schöpfungsakt also liegt der Horror, die Angst des Künstlers, die er dann im lebendigen Tun des Schaffensaktes überwindet.

Über die Qualen des Künstlers bei der Bildproduktion ist schon vieles gesagt worden; über die Angst des Betrachters weniger. Ja, auch der Bildbetrachter kennt eine Angst, den Horror Silentii Contemplationis, die Furcht vor der kontemplativen Stille.

Man begegnet ihr, wenn man beobachtet, wie in Museen Menschen von einem Bild zum nächsten hasten, ohne je vor einem einzelnen länger zu verharren – als ob sie getrieben würden. Nur der Audioguide veranlasst sie zum Innehalten, damit sie mit Kopfhörern auf den Ohren erzählt bekommen, was sie sehen sollen. Dann rasch weiter, die nächste Information wartet schon! Warum schreckt, verschreckt ein Bild so, treibt den Betrachter eher weiter, als dass es zum Verweilen einlädt?

Das Besondere an einem Bild, sei es nun gemalt oder fotografiert, ist, dass es aus der Zeit fällt und damit die Schöpferkräfte des Betrachters herausfordert. Was es damit auf sich hat, soll nun angeschaut werden.

Das Bild ist zeitlos und gleichzeitig: *zeitlos,* weil die Zeit *im* Bild nichts mehr verändert, es »passiert« in ihm nichts (höchstens *am* Bild kann etwas geschehen, zum Beispiel durch Alterung oder äußere Einwirkung) und *gleichzeitig,* weil alles in dem Kosmos Bild immer anwesend, also sichtbar ist, anders als bei einem Ding im Raum, zum Beispiel einer Skulptur, die unserer visuellen Wahrnehmungsmöglichkeit immer nur Teilansichten bietet. Hier bedarf es der Zeit, um seine eigene Position im Raum zu verändern und so alle Aspekte der Plastik wahrzunehmen und im Denken zusammenzusetzen.

Das ist ja der Zusammenhang, in dem wir normalerweise leben, im dreidimensionalen Raum, in dem sich die Dinge bewegen und wir uns auch, wodurch sich wiederum die Dinge oder ihre Konstellationen zueinander ständig verändern: Daran erfahren wir den Strom der Zeit.

Ich sitze gern auf meinem Dach und schaue in Bäume und Himmel; manchmal gibt es Momente, in denen gar nichts passiert: kein Windhauch, der Blätter bewegt – an nichts ist die *Präsenz* der Zeit zu erkennen. Wie in einem unbeweglichen, gemalten Bild steht eine ganze Landschaft still – ein seltsames, fast ein wenig unheimliches Gefühl ist das! Daraus reißt mich dann ein Schwarm Mauersegler, oder eigentlich öfter ein Flugzeug, das mit seiner Bewegung wieder Zeit in mein Landschaftsbild bringt.

Diese Orte der reglosen Landschaft, die Orte des Nunc Stans, der »dauerhaften Gegenwart« im Raumgefüge, werden weniger. Selbst die sprichwörtliche Stille der Berge wird im Zehn-Minuten-Takt durchtönt, man ist dort ja nicht mehr nur dem Himmel näher, sondern auch den Fliegern, und im ehernen, ewigen Sternenhimmel blinkt es inzwischen ganz irdisch-zeitlich, also vergänglich.

Doch anders das gemalte, gezeichnete oder fotografierte Bild, das Bild als hermetischer Kosmos gesehen: Es ist dagegen eine unerschütterliche Festung der Bewegungslosigkeit! Kein Schwarm Mauersegler, kein Flugzeug durchquert es rettender Weise: Die Zeit bleibt dem Bild absent, und nur die Eigenbewegung, die Flucht, kann den Betrachter vor dem fremden, beunruhigenden Gefühl der »fehlenden Zeit« schützen. Nicht nur sind wir die Stille nicht mehr gewöhnt, sondern wir haben zum Teil auch Angst vor ihr, der unerträglichen Stille, die es ja mit sich selbst auszufüllen gilt. Was, wenn in mir keine Stille, sondern Leere herrscht? Da gebiert die Abwesenheit von äußerem Geschehen nicht Glück, sondern Langeweile oder Ratlosigkeit. Retten oder scheinbar retten könnte man sich durch Davonlaufen oder eben durch die linearen Informationen aus dem Kopfhörer des Audioguide!

Was hat es mit dem Horror Silentii Contemplationis des Betrachters vor dem fertigen Bild auf sich? Wenn das Bild das Atelier des Künstlers verlässt, ist es tot, wie Samuel Beckett einmal äußerte. Tot – da gibt es keine Veränderung aus dem Prozess des Schaffens mehr, da sind wir im Nunc Stans, es gibt da nur noch die Gleichzeitigkeit und die Zeitlosigkeit. Nähert sich der Betrachter dem Bild, muss er sich entscheiden: Übergeht er uneingestandene Unsicherheiten und Ängste gegenüber einem solchen Bild-»Leichnam« und lässt das Tote tot sein, schaut nur kurz hin und nimmt ein paar Informationen auf, mehr oder weniger das, was sich mit flüchtigem Blick erfassen lässt – oder überwindet er seine Ängste, um durch den Kraftakt eines aktiven Betrachtungsvorgangs das Bild zu neuem Leben in sich, im Betrachter, zu erwecken? Denn das kann schon eine beängstigende Anforderung sein: Ich soll ein »Totes« »zum Leben« erwecken!

Wie soll ich das Bild überhaupt auch nur verstehen, ich bin ja kein Experte?! Wie, wenn keine Phantasie anfängt, mit dem Bild zu kommunizieren, und mich mit Geschichten erfüllt? Wie, wenn das Gefühl der eigenen Unfähigkeit immer stärker wird, sich gar als einziges erlebbares Gefühl in mir ausbreitet und mich innerlich frösteln lässt? Wenn ich in dieser Weise mir selbst begegne als jemandem, der dem Bild und der Aufgabe, die es mir stellt, nicht gewachsen ist? Wenn ich merke, dass ich abhängig bin von äußeren Anstößen, den omnipräsenten Medien, im Museum zum Beispiel vom Audioguide?

Es gibt eine produktive Möglichkeit, sich aus der beschriebenen Angst zu retten: Indem ich mich als Betrachter ganz in ein zeitloses Bild hineinversenke, ist die Zeit ja deshalb nicht aus der Welt verschwunden. Sie ist nun in mir selbst erlebbar: Sie ist in meinem Atemrhythmus, in der linearen Folge der eigenen Wahrnehmungen, der Empfindungen, der betrachtenden Gedanken. Wenn Zeit nur noch in mir existiert, kann ich mich ja jetzt sogar als Schöpfer der Zeit begreifen. So bin ich, auch ohne dass ich mir dessen bewusst sein muss, nicht nur mit dem Bild, sondern auch mit mir selbst konfrontiert. Ich – mit all meinen Fähigkeiten und eventuellen Unfähigkeiten – bin es, der jetzt aus sich selbst heraus initiativ werden kann, will ich das Bild erleben und verstehen, mich mit ihm verbinden. Im kontemplativen Betrachten eines Bildes rette ich mich selbst und das Bild: Als aktiv Wahrnehmender, Empfindender, Denkender stehe ich dem Bild-»Leichnam« gegenüber, der durch mich und in mir wiederbelebt wird. Ich denke das Bild an, es entsteht in mir als Andenkbild neu, bedachtsam spüre ich dem Bild nach, lebe in ihm, es wird zu meinem selbst erschaffenen Andachtsbild.

Auch wenn das äußere Bild diesmal gleich geblieben ist, entsteht auf diese Weise in mir ein Bild, das es so auf dieser Welt noch nicht gibt, gegeben hat und geben wird. Ich habe ein ganz eigenes Bild, ein Original, generiert oder genauer gesagt, es ist ein Gebilde entstanden, das den Künstler, das Bild und mich, den Betrachter, in einer einmaligen Synthese enthält. Und vor allem, ich habe meine Ängste besiegt!

Ein Bild länger kontemplativ anzuschauen und dadurch den Horror Silentii Contemplationis zu überwinden und vielleicht sogar zu einem Glückserlebnis der Eigenschöpfung ähnlich dem des Künstlers zu kommen, dazu braucht man Handwerkszeug. Mit diesem Handwerkszeug kann ein Einzelner ebenso arbeiten wie eine Gruppe. Es ist oft frappierend, was man selbst erst dann sieht, wenn ein anderer es benennt oder beschreibt. Das Handwerkszeug besteht darin, dass man strukturiert vorgeht und verschiedene Ebenen unterscheidet, die im Nacheinander durchschritten werden.

Zuerst heißt es natürlich, das Bild anzuschauen und einfach auf sich wirken zu lassen, ohne es gleich verstehen und erklären zu wollen. Keine »Was bedeutet das?«-Fragen stellen, sondern versuchen, sich auf die Wahrnehmung zu beschränken! Die Furcht überwinden, dass einem dazu gar nichts einfällt, dass alles unverständlich ist, sondern nur versuchen, einen Stimmungseindruck des Bildes zu empfangen. Das geschieht oft ganz zart und unmerklich, weil es vom nach Erklärung schreienden Verstand überdeckt wird, oder die keimhaft aufkommende Stimmung wird durch bildfremde, oft alltägliche Gedanken verscheucht. Aber selbst wenn es nicht richtig gelingt, sich auf das Bild zu konzentrieren, kann das Bild zum Betrachter sprechen, gegebenenfalls allein zum Unterbewusstsein, auch da kann es ja seine Wirkung entfalten.

Nach dem ersten unbefangenen Betrachten kommt die nüchterne, sachbetonte und wirklichkeitsentsprechende Beschreibung, vielleicht kennen Sie das noch aus Aufsätzen in Schultagen? Hier ist es nach meiner Erfahrung schwierig, keine eigenen Vorstellungen, Gefühle, Erinnerungen unmerklich mit dem zu vermischen, was das Bild objektiv dem Anblick bietet, was also dort tatsächlich für jeden Menschen mit gesunden Augen gleichermaßen sichtbar vorhanden ist. Darauf, dass man sich selbst ganz zurücknimmt, kommt auf dieser Stufe alles an!

Dazu gehört, dass man sich beispielsweise folgende Fragen beantwortet: die Frage nach dem Format (z. B. quer-, hochformatig, quadratisch …). Die Frage nach der materiellen Beschaffenheit: Was für Farben hat der Künstler gewählt (Ölfarben, Wasserfarben, Acryl, Tusche, Tinte …)? Auf welches Material sind die Farben aufgetragen (Papier, Holz, Leinen, Metall …)? Wie sind die Farben aufgetragen (mit Pinsel, Spachtel, den Fingern …)? Wie ist der Farbauftrag (lasierend, opak, pastos, …)? Die Frage nach der Komposition und dem Duktus: Was für Farben, Linien, Formen, sind auf

© Jörg Länger/VG Bild-Kunst, Ohne Titel, 2009, Protagonistendruck (Linolschnitt), Ausschnitt/Ausriss einer Fotokopie nach Madathanus und Mischtechnik auf Papier, 33 × 33 cm
Protagonisten nach unbekanntem Künstler, Beweinung Christi, Rohan-Stundenbuch, ca. 1430, Bibliothèque Nationale, ms. lat. 9471, Paris/Frankreich

© Jörg Länger/VG Bild-Kunst, Alle Lust will Ewigkeit, 2010, Protagonistendruck (Linolschnitt) und Mischtechnik auf Alu-Dibond, 38 × 38 cm
Protagonisten nach unbekanntem Künstler, Mann verfolgt Hetäre, Griechische Trinkschale, 510 v. Chr., Nationalmuseum, Athen/Griechenland

dem Bild? Wie ist die Aufteilung/Platzierung der Farben? Wurden Primär-, Sekundär-, Tertiärfarben benutzt? Gibt es eine vorherrschende Farbe? Wie ist das Verhältnis der Farbflächen zueinander und der Farbflächen zu den Linien (z. B.: Stoßen die Farbflächen frei aneinander, überschneiden und mischen sie sich oder sind sie durch Linien – welcher Farbe? – voneinander getrennt …)? Kann man etwas über die Linienführung sagen (kräftig, brüchig, wild bewegt oder ruhig, übersichtlich, durchgezogen oder unterbrochen …)?

Als Nächstes – wir sind noch immer auf der Ebene des objektiven Konstatierens – können Aussagen des Bildes beschrieben werden, die mehr inhaltlicher Art sind. Ist das Bild einem Genre zuzuordnen (z. B. Porträt, Landschaft)? Ist ein Thema zu erkennen (z. B. fröhlicher Schmaus auf dem Lande, eine Frau vor dem Spiegel oder Rote Form)? Sind menschliche Figuren in dem Bild zu sehen? Wie sehen sie aus? Wie sind sie zueinander gruppiert? Welche Haltungen nehmen sie ein? Welche Kleidung tragen sie? Etc. Erzählt das Bild eine Geschichte (die dann noch zu erschließen wäre, z. B. eine Heiligenlegende)? Ist eine bestimmte Phase in einem Geschehen abgebildet (wie z. B. die Kreuzabnahme)? Lassen sich gängige Symbole entdecken (z. B. ein Kreuz, eine Lilie)?

Der Übergang von der objektiven zur subjektiven Phase ist fließend, denn einiges von dem, was am Bild erfahren werden kann, wird nicht mehr eindeutig sein, sondern unterschiedliche Sichtweisen bei verschiedenen Betrachtern anregen. Welche Stimmung geht von dem Bild aus (z. B. eine frische, kühle, warme, nüchterne, träumerische)? Was drücken die Figuren aus (sind sie ernst, traurig, skeptisch, heiter, gelassen)? Wie wird die Farbperspektive erlebt, treten Farben in den Vordergrund, andere nach hinten?

Jetzt schließe ich die Augen. Kann ich ein »inneres Bild einfangen«, »eine Innenaufnahme« erzeugen (Samuel Beckett)? Anfangs werde ich nicht alles vor mir sehen können, vielleicht hat das Bild Löcher, ich kann mir einiges vorstellen, andere Bildteile nicht, und frage mich, ob ich eine Ahnung habe, warum das so ist. Was für Stimmungen kommen in mein Bewusstsein? Ich kann wahrzunehmen versuchen, ob sich gegenüber den Erlebnissen der vorigen Stufe etwas verändert. Kommen andere, ganz eigene Bilder dazu? Fallen mir vergangene Ereignisse plötzlich ein, und was für Gedanken entstehen? Was erlebe ich, wenn ich

© Jörg Länger/VG Bild-Kunst, Längergonist, 2012, Mischtechnik auf Nessel, 150 × 150 cm

© Jörg Länger/VG Bild-Kunst, Neue Freunde, 2008, Mischtechnik auf Holz, 155 × 155 cm

die Augen wieder öffne und auf das Bild schaue? Habe ich mir einiges, oder gar vieles, ganz anders vorgestellt? Wie geht es mir mit einer solchen Beobachtung? Habe ich durch das innere Sehen einen veränderten oder gar neuen Zugang gefunden? Habe ich angefangen, mit dem Bild zu leben? Besteht die Möglichkeit, genug Zeit mit dem Bild zu verbringen, es immer wieder anzuschauen, kann ich ihm die Zeit geben, in mir zu reifen, kann es sein, dass ich es irgendwann in toto »inwendig auswendig sehen kann«, wie ein Gedicht, wie eine Melodie? Und so wie man ein Klavierstück, um es erlebend interpretieren zu können, handwerklich-technisch beherrschen muss, kann nach einem solchen handwerklichen Erarbeiten das Bild sich richtig entfalten und mir sein Eigenleben mitteilen. Entsprechend meinen eigenen Stimmungen und Gedanken kann es selbst Leben entfalten, sich mir immer wieder in anderen Facetten zeigen, so wie ein Gedicht auch innerlich immer wieder in anderen Nuancen erklingen kann.

Um diese Methode immer selbstverständlicher handhaben zu können, ist es hilfreich, am Ende der Betrachtung den zurückgelegten Weg als Akt der Selbsterkenntnis zu resümieren: Wie bin ich in der Betrachtung vorgegangen? Wie war mein erster, unbefangener Eindruck und inwiefern hat er sich im Laufe der Betrachtung verändert? Wie konnte ich die Form des Bildes beschreiben? Konnte ich in das Bild hineingehen? Wie war mein Weg in das Bild, was für Erlebnisse hatte ich? Wie haben wir uns verbunden, das Bild und ich? Was für Stimmungen hat es in mir evoziert? Konnte ich mich im Schauen mir selbst nähern? Etc.

Hier ist die »Bildbetrachtung in sich« abgeschlossen, sie kann aber erweitert werden, denn vielleicht hat das Bild so sehr begeistert, dass man mehr über den Schöpfer, über den Maler wissen will: Aus welcher Situation und Motivation heraus hat der Künstler das Bild gemalt? Was malt er noch für Bilder, welche Themen bevorzugt er? Kann ich in seinem Werk eine Entwicklung erkennen? Gibt es Texte von ihm oder von Kunsthistorikern, die mir seine Intentionen, seine Weltsicht näherbringen? Ich kann danach fragen, aus welcher Generation er ist, wie sein Werdegang aussieht, künstlerisch – und menschlich. Welche künstlerischen Einflüsse haben auf ihn gewirkt und was führt er in eigenständiger Weise weiter, setzt er Impulse für die weitere Entwicklung der Kunst? Das wird dann nicht mehr an Ort und Stelle vor dem Bild geschehen. Ich kann aber dann später dorthin zurückkehren und werde seine Bildschöpfung mit geweitetem Blick und tieferem Verständnis erfassen können. Ich werde so den Künstler und Menschen besser verstehen lernen und auch anfangen, gewissermaßen mit ihm zu leben. Und habe jetzt eine Verbindung geschaffen, zwischen dem Künstler, dem Bild und mir – und zwar in einer einmaligen, nie dagewesenen, ganz individuellen, nur mir zugehörigen Weise.

Individualisiert werden kann auch der Weg in das Bild, das Wie – hat man genug Offenheit für die Ruhe der Bilder erlangt; denn natürlich sind auch andere Zugänge zum Bild möglich. Zum Beispiel kann versucht werden, die Bewegungen des Bildes mit dem eigenen Körper aufzunehmen, sich mit den Pinsel-, Farb-, Linienbewegungen körperlich mitzubewegen, das Bild nachzutanzen, sich zu-eigen-zu-tanzen und es vielleicht weiterzutanzen. Man kann so seinen »Handwerkzeugkoffer« weiter auffüllen und dann verschiedene Werkzeugkombinationen anwenden.

Und interessant zu reflektieren ist auch, welche(s) Bild(er) man sich für die Betrachtung ausgewählt hat (zum Beispiel in einer Ausstellung) und warum. Ein noch tieferes Einsteigen in Bilder und in sich selbst ist immer weiter möglich …

Kein Leben ohne Schmerzen

Wenn Sie den Horror Silentii Contemplationis überwunden haben, diese Art der Bildbetrachtung handhaben können, kann es geschehen, dass Sie einen Museums- oder Ausstellungsbesuch noch stärker als bisher in seiner bereichernden, befreienden und regenerierenden Wirkung erleben, dass ein Bild durch die kontemplative Betrachtung Ihre ganze Befindlichkeit und Lebensstimmung beeinflusst. Vielleicht machen Sie sogar die Erfahrung, dass Ihre Begegnung mit Schmerz sich verändert, dem Schmerz, der uns Menschen unser Leben lang in unterschiedlichsten Formen begleitet: als Schmerz, verursacht durch eine Krankheit, die es zu behandeln gilt, durch eine innere Verletzung, die der Heilung harrt, verursacht durch eine seelische oder geistige Sehnsucht, die gestillt werden will, oder durch eine Lebensaufgabe, die wir unter einer Legion von Schichten der Alltäglichkeit und profaner Wünsche begraben haben und die sich nun als Schmerz meldet. Eine Bildbetrachtung im obigen Sinne kann dem Menschen helfen, im schöpferischen Tun solcherart Schmerz »ins Bild zu bringen«, ihn zu erkennen, sich dabei selbst zu erfahren und so sich selbst ein Stück weit zu heilen. Nicht mit Schmerzmittel ihn, den Mahner, unreflektiert wegzuschlucken, sondern, in einem »Kulturheilverfahren« Selbstheilungskräfte aufbauend, Schmerz und Leid meistern.

Foto: Svenja von Schultzendorff

Jörg Länger, Bildender Künstler, studierte Geistes- und Religionswissenschaften an der FU Berlin und Kunst an der Freien Kunststudienstätte Ottersberg. Die Beschäftigung mit dem Erweiterten Kunstbegriff hat sich in einem großen Spektrum von Arbeiten auf den verschiedensten Gebieten manifestiert – Objekt, Installation, Land Art, Performance, Interventionen, Photographie und Film.

Seit einigen Jahren konzentriert sich Jörg Länger hauptsächlich auf Malerei und Zeichnung, die auf dem Konzept der »Protagonisten aus 23.000 Jahren Kulturgeschichte« aufgebaut ist: Die Handlungsträger seiner Werke sind Figuren aus bereits existenten Artefakten, die vom Künstler verwandelt, in neuen Zusammenhängen und Aussagen wiederkehren und so in zeitgenössischem Kontext zum Betrachter sprechen. Seine Arbeiten entstehen aus vielfältigen Techniken auf verschiedenen Materialien. Einen besonderen Platz nimmt das Material Glas ein, zum Teil als Kunst am Bau architekturbezogen.

Jörg Länger zeigt seine Werke in überregionaler und teilweise internationaler Ausstellungstätigkeit, so zum Beispiel in Schweden, Kanada und den Niederlanden. In Deutschland hat er seine Werke unter anderem in der Kulturstiftung St. Matthäus im Kulturforum Berlin, im Kunsthaus Potsdam, der Kunsthalle Villa Kobe in Halle, der Kunsthalle Brennabor in Brandenburg, im Dombergmuseum in Freising, im Diözesanmuseum Bamberg und in der KZ-Gedenkstätte Dachau ausgestellt.

In den letzten Jahren widmet der Künstler sich bei gegebenem Anlass Vortrags-, Gesprächs- und Seminartätigkeiten. Ihm ist nicht nur das Herstellen von Bildern wichtig, sondern auch eine vertiefte Bildrezeption. Er bietet eine »Schulung des Betrachtens« an, in der er mit Gruppen oder Einzelpersonen das Anschauen von Bildern als künstlerischen, schöpferischen Prozess zu verstehen übt.

E-Mail: mail@laenger.com
Website: www.Laenger.com

Atelierbesuch beim Bildhauer Waldemar Otto in Worpswede

Christiane Knoop

Am Südhang des Weyerbergs

Ausgangspunkt sind eine Skulptur und die Worte Waldemar Ottos bei einem früheren Atelierbesuch: »Das ist meine Mutter. Eine alte Frau in einem großen Sessel mit drei Armen, weil die Hände und Arme der alten Menschen oft so unruhig sind. Doch es ist nicht nur meine Mutter, das Thema ist ein sehr viel Größeres.« Mit diesem Eindruck haben wir uns auf den Weg gemacht, den international bekannten Bildhauer Waldemar Otto in seinem Worpsweder Atelier zu besuchen.

Wir werden gastfreundlich empfangen. Die alte Frau erwartet uns bereits. Vorn im Ausstellungsraum, angrenzend an den großzügigen Wohnraum, in dem wir Platz nehmen. Sie blickt zu uns und scheint am Gespräch teilzunehmen. Im persönlichen Gespräch bekommt die damalige Beschreibung viel mehr Raum und Fülle, und der persönliche Kontakt belebt die Skulptur.

Eine alte Frau, seine Mutter und gleichzeitig Symbol alter Menschen, nimmt Abschied vom Leben. Indem sie sich in ihren Sessel zurücklehnt, in ihm versinkt und sich damit »einverständig in den Schoß der Erde fallen lässt«. Das macht das Thema so groß, das Bild des Vergehens, des privaten Erinnerns und daneben des allgemeinen Zurückkehrens, des Hineinwachsens in ein Anvertrauen an die Lebensrhythmen, ein Einverständnis mit dem Vergehen.

Waldemar Otto weist darauf hin, dass er im Gegensatz zur Mutter seine Hände ruhig halten kann, weil er mit ihnen arbeitet und in dieser

Leidfaden, Heft 2/2014, S. 54–57, © Vandenhoeck & Ruprecht GmbH & Co. KG, Göttingen, 2014, ISSN 2192-1202

gewissen Weise mit ihnen redet. Mit ihnen bringt er zum Ausdruck, was Worte nur unzureichend vermögen. Er erzählt uns dazu folgende Parabel: Ein italienischer Gefangener wird verdächtigt, »geplaudert« zu haben. Er verteidigt sich: »Wie soll ich denn geredet haben, wenn meine Hände gefesselt sind?«

Waldemar Otto kann mit seinen Händen Erfahrungen in die Realität hineinformen, Traumatischem tieferen Ausdruck verleihen, als es mit Sprache möglich ist. Sein Werk versteht er als einen Versuch, mit den Grausamkeiten und der Ohnmacht, mit erlebter Angst, Hilflosigkeit und Traumatisierung umzugehen. Beispielsweise als Kind deutscher Eltern in dem von den Deutschen besetzten Polen. Die Familie musste zu Beginn des Zweiten Weltkriegs fliehen. Es gelang ihnen, sich die ersten Tage bei Bekannten zu verstecken, die an der Heerstraße von Posen nach Warschau wohnten. Hier erlebte er die Angriffe der Sturzkampfflieger und erfuhr, wie die Erde mit den Einschlägen der Bomben bebte. Er sagt uns, dass er nie vergessen kann, was Deutsche auch in seinem Namen an unaussprechlich Grausamem anrichteten.

Waldemar Otto zeigt Gewalt und die Hilflosigkeit der Opfer, zum Beispiel in seinen Arbeiten *Adam plündert sein Paradies* oder auch *Agamemnon opfert seine Tochter*, das mit aktuellem Bezug zur Eröffnung des Irakkrieges entstand.

In seinen Werken thematisiert er vielfaches Leid, dessen intensive Kraft und setzt sich mit Erfahrungen von Trost auseinander, wie in der Skulptur *Übergang*. Sie sollte die Lebenssituation von Auswanderern darstellen, die aus ihrer Welt in eine neue unbekannte eintreten. Später wurde sie dann zur Grabskulptur eines verstorbenen Freundes auf dem Worpsweder Friedhof. »Mitten im Leben sind wir von dem Tod umfangen«. Der Verstorbene reißt eine scharf umrissene Lücke, die von der schmerzhaften Lücke des umfassenden Verlustes kündet. Und gleichzeitig ist da auch die tröstliche Erfahrung, im Übergang des Todes neue Räume zu erreichen, wie es Hermann Hesse in seinem Gedicht »Stufen« beschreibt: »Es wird vielleicht auch noch die Todesstunde uns neuen Räumen jung entgegen senden«.

Vor sechs Jahren brachte eine schwere Hirnblutung den Künstler selbst an diese existenzielle Grenze zwischen Leben und Tod. Er berichtet uns von einigen seiner vielfältigen Erinnerungen als Komapatient. Er habe so gelitten, dass er nach dem Aufwachen einem seiner Söhne sagte: »Ich will sterben.« Heute empfinde er diese Todessehnsucht nicht mehr, denn: »Ich habe hier noch einige Dinge zu erledigen, so dass ich noch nicht abtreten kann.«

Doch damals, während seines »Wieder-Hineingleitens in seine posttraumatische Phantasiewelt«, träumte er von einem langen Korridor mit Türen links und rechts und am Ende mit einer große Tür, von der wusste, dass sie sich zum Tod öffnet. »Da stand ich nun und sagte: Wenn es denn sein muss, dann sei ein Mann und geh den Korridor bis zu dieser Tür.« Später versuchte er, diesen Traum in einer Skulptur darzustellen.

Seine Hände und sein Werk versteht Waldemar Otto als persönliche Auseinandersetzung mit erfahrenem Leid, mit Ohnmacht und Hilflosigkeit. Er führt uns durch sein Atelier, nimmt sich viel Zeit dafür, und wir sind tief berührt von den Skulpturen seines jahrzehntelangen Schaffens. Allein in den letzten Jahren nach seinem »Dachschaden«, wie er seine Gehirnblutung bezeichnet, entstanden die großen Werkgruppen: *Der alte Mann, Iphigenie und Zeitgenossen* und *Montagsdemonstration – Wir sind das Volk*.

Hier verabschieden wir uns, vor einem Relief der Montagsdemonstration in der Leipziger Nikolaikirche, und Waldemar Otto gibt uns als Credo seiner Arbeit mit auf den Weg, dass auch diese Botschaft von Deutschland ausgegangen ist: »Solange Menschen Kerzen in den Händen halten, werfen sie nicht mit Steinen.«

Das umfassende Werk von Prof. Waldemar Otto (*1929) ist unter www.waldemar-otto.de zu finden.

Christiane Knoop, Hebamme, leitet die Weiterbildungsstätte »Familienhebamme mit staatlicher Anerkennung« in Hannover. Sie ist außerdem Fotografin und lebt in Worpswede.

E-Mail: christiane.knoop1@ewetel.net

Playback-Theater

Die eigene Geschichte erzählen und auf der Bühne erleben als heilsamer Prozess im Umgang mit Leid und Trauer

Bernadette Raischl

Ein 45-jähriger Mann, groß, schlaksig, mit dunklen Haaren, die seit kurzem ein paar mehr graue Strähnen durchziehen, und tiefsitzenden, traurigen Augen, sitzt in der dritten Zuschauerreihe eines kleinen Münchner Theaters. Die erste halbe Stunde ist er, wie jeder andere Zuschauer in einem Theater, Zeuge des auf der Bühne gespielten Stücks, vielmehr verschiedener kurzer Stücke. Von einem Moment auf den anderen wird Carlo Teil, tragende Säule, Drehbuchautor des nächsten kleinen Bühnenstücks: Er erzählt auf Bitte der Regisseurin Hilde seine Geschichte, die Geschichte eines liebenden Mannes, der seine Frau verliert, an den Tod durch Krebs.

Durch das Geschichtenerzählen kann eine Sinnhaftigkeit deutlich werden, die hilfreich sein kann im Umgehen mit der Herausforderung, die die erzählte Erfahrung darstellt.

Er schildert die letzten Wochen der Krankheit seiner Frau, sein Hoffen und Bangen, ihr Kämpfen und Leiden, seine Erschöpfung durch die Rund-um-die-Uhr-Pflege, ihr Auf und Nieder und schließlich das unvermeidliche Ende – ihren Tod. Seither, so erzählt er weiter, umfängt ihn eine große Leere, die ihn aus jeder Ritze ihrer gemeinsamen Wohnung anspringt. – Stille – Hilde, die als Verbindung zwischen Erzähler und Schauspielern fungiert, fragt ihn nach seinem Vornamen und bittet ihn, einen Schauspieler auszusuchen, der in seine Rolle schlüpfen soll.

Die anderen drei der in schlichtem Schwarz gekleideten Schauspieler/-innen, die auf der fast leeren, nur mit vier Stühlen bestückten Bühne sitzen, übernehmen zunächst keine festen Rollen. So sind sie frei, in verschiedene Rollen zu schlüpfen: die der Frau, der Krankheit, des Todes, der Liebe, des Krankenbetts, der Leere oder was sonst wichtig sein kann, um den zentralen Inhalt und das Wesen der Geschichte deutlich werden zu lassen, wenn im Anschluss an die Erzählung die Geschichte auf der Bühne zu Leben erwacht: ein Carlo, der Tag für Tag von morgens bis morgens liebevoll seine immer schwächer werdende Frau umsorgt, bis ihm die Augen zufallen, der Tod, der sich bedrohlich schnell heranschleicht und zwischen ihre Umarmung drängt und diese brutal löst, die Leere, die ihn wie ein Kerker gefangen hält.

Dabei sind die Spielerinnen nicht bestrebt, die Geschichte eins zu eins und in allen Details

Leidfaden, Heft 2/2014, S. 58–60, © Vandenhoeck & Ruprecht GmbH & Co. KG, Göttingen, 2014, ISSN 2192-1202

nachzuspielen, vielmehr versuchen sie, den Kern der Geschichte auf der Bühne sicht- und spürbar werden zu lassen. Carlo sitzt auf dem Erzählerstuhl neben Hilde und lauscht gespannt dem Geschehen auf der Bühne, in seinem Gesicht ist wie in einem Spiegel die Resonanz seines Erlebens darauf erkennbar. Das Spiel endet damit, dass die Spieler in ihrer Bewegung innehalten, ihren Blick Carlo zuwenden und ihm damit seine Geschichte zurückgeben. – Stille – Carlo wischt sich verstohlen ein paar Tränen aus den Augen und beginnt zu klatschen, erst zaghaft und dann immer stärker, das Publikum stimmt in das Klatschen ein.

Als Hilde ihn später fragt, ob das Spiel sein Erleben zum Ausdruck gebracht habe, bejaht er und bedankt sich herzlich und fügt hinzu: »Es war, als ob ich ganz viele große Ohren bekommen habe, und komisch – die Schauspieler haben auch manches gespielt, was ich gar nicht erzählt habe, aber genau so war es!«

Die geschilderte Theaterform nennt sich Playback-Theater. Der Name »Playback« beschreibt das Wesen dieser Art von Theater: ein Theater, das zurückspielt, was von Zuschauern erzählt wird: Momente, Stimmungen und Geschichten, die ihr Leben geschrieben hat. Heitere oder tragische, prosaische oder metaphysische, leichte oder schwere Geschichten. Ein Theater, das die alte Tradition des Geschichtenerzählens wieder aufnimmt.

Jo Salas, Frau und Kollegin von Jonathan Fox, dem Begründer von Playback-Theater, und Mitbegründerin des Playback-Theaters beschreibt in ihrem Buch diese Theaterform folgendermaßen: »Playback-Theater stellt eine Urform des Improvisationstheaters dar, bei der die Leute wahre Begebenheiten aus ihrem Leben erzählen und dann zusehen, wie sie aus dem Stegreif gespielt werden (…) Jede Geschichte aus dem Leben kann im Playback-Theater gespielt werden (…) Es funktioniert, ganz gleich über welches Können die Schauspieler verfügen. Notwendig sind vor allem Respekt vor dem anderen, Einfühlungsvermögen und Freude am Spiel« (Salas 1998, S. 20).

Schauspieler übernehmen also spontan verschiedenste Rollen, die für die Darstellung und Akzentuierung wichtiger Aspekte der erzählten Geschichte sinnvoll erscheinen. So gesehen hat das Playback-Theater neben dem Improvisationstheater als eine weitere Wurzel und Verbindung das Psychodrama. Dies ist eine psychotherapeutische Methode, bei der die Re-Inszenierung von Erlebtem mit Hilfe von Rollenbesetzung und Rollentausch ein zentrales Element darstellt. Wenngleich das Playback-Theater keine Therapieform darstellt, so ermöglicht es doch den Erzählern und Erzählerinnen, ihre Geschichte zu erzählen und zu erfahren, dass ihre eigene Geschichte diese Art von Aufmerksamkeit wert sind, dass andere sich für ihre Geschichte interessieren, von ihr lernen, von ihr berührt werden (vgl. Salas 1998, S. 20).

Das Playback-Theater eröffnet der Erzählerin zudem eine Perspektive von außen und somit einen Blickwechsel. Durch das Geschichtenerzählen kann eine Sinnhaftigkeit deutlich werden, die hilfreich sein kann im Umgehen mit der Herausforderung, die die erzählte Erfahrung darstellt. Der Prozess, seine Geschichte zu erkennen und Zeuge von Geschichten anderer zu werden, löst oft Gefühle aus, in denen Gemeinschaft entsteht oder sich erneuert (vgl. Fox und Dauber 1999, S. 140). Immer wieder passiert es bei einer Playback-Aufführung, dass eine Geschichte auf eine andere Geschichte in indirekter Weise antwortet, ohne eine platte Antwort oder explizite Lösung zu geben.

Jonathan Fox vergleicht Playback-Theater mit einem Dreiklang: Der künstlerische Aspekt erlaubt dem Zuschauer ästhetische Distanz, der Aspekt der sozialen Interaktion fördert einen entspannten, vertrauensvollen Kontakt miteinander und der rituelle Aspekt schafft den Raum, eine Atmosphäre der Verzauberung zu ermöglichen (vgl. Fox und Dauber 1999, S. 148).

Carlo blieb nicht allein mit seiner Geschichte, sondern fühlte sich gesehen, verstanden und getragen sowohl durch die respektvolle, wertschätzende und einfühlsame Darstellung der Schauspieler als auch durch die mit den anderen Zuschauern gemeinsame Betrachtung der eigene Geschichte. Playback-Theater steht also ganz im Dienst der Menschen und ihrer Geschichten und möchte die Menschen mit ihren erlebten Geschichten durch das Bühnenspiel mit großem Respekt hören, sehen, wahrnehmen und wertschätzen. So entsteht Raum für Ver-Wandlung.

Bernadette Raischl, Diplom-Psychologin, Psychotherapeutin (HpG), Tanztherapeutin, Leiterin in kreativem Tanz, Krankheits- und Gesundheitspflegerin, Systemische Supervisorin, Coach und Organisationsberaterin, ist Gründerin und Leiterin der Playback-Theatergruppe Blickwechsel in Dachau. Neben Lehrtätigkeiten insbesondere im Gesundheitsbereich arbeitet sie als Supervisorin und Coach auch mit kreativ-gestalterischen Methoden wie Playback-/Improvisationstheater, Musik etc.
Theaterarbeit in Kooperation mit verschiedenen Einrichtungen, u. a. Schulen, Seniorenzentren, Bayrisches Landesjugendamt, Hospiz, Kliniken, Pflegeeinrichtungen.

E-Mail: coaching@dachau-mail.de
Website: www.playback-dachau.de

Literaturhinweise

Fox, J., Dauber, H. (Hrsg.): Playbacktheater – wo Geschichten sich begegnen. Bad Heilbrunn 1999.
Salas, J.: Playback-Theater. Berlin 1998.

Wenn Kunst berührt

Zu den Zeichnungen von Monika Bartholomé

Adelheid Scholten

Nach dem Verlust eines geliebten Menschen suchen Trauernde nach einer Verbindung zum verstorbenen Partner, der verstorbenen Freundin oder dem verlorenen Kind. Die Trauer hört nie auf, sie hat nur in den verschiedenen Lebensphasen eine unterschiedliche Intensität und braucht die Vergewisserung einer Verbindung mit dem Verstorbenen. Das Suchen nach der Verbindung ist ein langer und beschwerlicher Weg. Das alte Leben ist durch den Tod abrupt zerstört worden; allmählich muss ein neuer Alltag gelebt, muss ein neues Leben aufgebaut werden. Das Neue sucht langsam eine neue Gestalt. Die Verbundenheit mit dem Verstorbenen sucht eine neue Form.

Können Trauernde auf diesem Weg unterstützt werden? Begleiten, zuhören, die Trauer aushalten, Mitgefühl zeigen – all das kann hilfreich sein. Wer zur Seite steht, das Gegenüber mit dessen Gefühlen wahrnimmt, den Trauernden in seinem Sein berührt, kann von diesem als Wohltat empfunden werden. Es müssen nicht unbedingt Worte sein, die hilfreich berühren. Es können Gesten, physische wie symbolische, es kann auch das Erleben von Musik sein – oder eben die Kunst.

In der bildenden Kunst dürften uns zunächst gegenständliche Darstellungen menschlichen Daseins einfallen, wenn wir an Tröstendes denken. Aber auch abstrakte Werke können eine emotionale Verbindung ermöglichen. Sie können den Trauernden in seiner unendlichen Einsamkeit, dem Gefühl des Verlustes berühren. Das lässt sich an Monika Bartholomés Zeichnungen zeigen.

Oft deuten nur wenige Linien das Dargestellte an, mit sicherem Strich, manchmal zart, manchmal kräftig geführt.

Hier sieht man eine Hand, die sich öffnet. Will die Hand etwas empfangen? Über der geöffneten Hand ist eine Linie. Gewährt sie der geöffneten Hand Geborgenheit? Schützt sie die Hand? Kann die geöffnete Hand sich anlehnen oder aufstützen? Liegt die Hand auf oder an dieser konisch zulaufenden Säule? Ist es keine Säule, sondern nur eine Stütze, ein Bein? Wo befindet sich dieser Raum? Braucht die Hand einen definierten, umgrenzten Raum? Ist er geträumt?

Monika Bartholomé sagt, dass ihre Zeichnungen Räume schaffen möchten, Denk- und Empfindungsräume, und kommunizieren möchten. »Kommunizieren heißt auf der dritten Ebene, der wortlosen Ebene der Bilder sprechen«, wird sie in dem Ausstellungskatalog »Die Fülle des Lebens« zitiert. »Diese Sprache entzieht sich der Eindeutigkeit. (…) Sie (die Zeichnungen) beziehen Positionen in einem Dazwischen, einem Bereich, der eher mit der Wirkung von Musik vergleichbar ist. Es geht um Empfindungen, Erinnerungen, nicht um Bestätigung und Verstärkung des Wortes« (Bartholomé 2013, S. 8).

Leidfaden, Heft 2 / 2014, S. 61–63, © Vandenhoeck & Ruprecht GmbH & Co. KG, Göttingen, 2014, ISSN 2192–1202

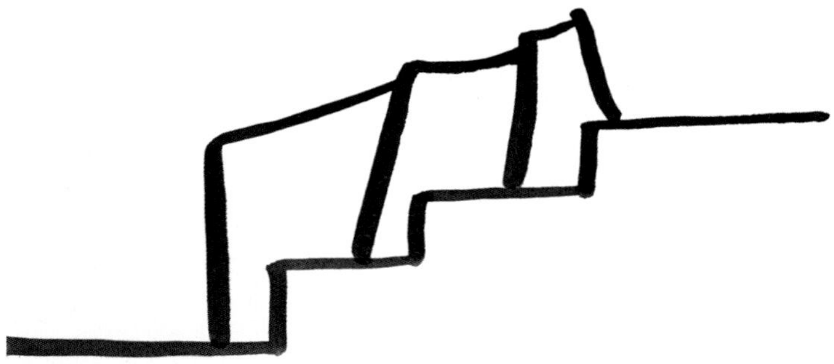

Der Blick des Betrachters folgt den Linien. Jede und jeder kann im Dialog mit dem Werk wahrnehmen, was er oder sie sehen möchte oder gerade in seiner Situation braucht, unabhängig von Alter, Geschlecht oder Status. Je nach Seelenzustand werden Emotionen angesprochen oder auch erst geweckt. Man kann bei der gezeichneten Linie bleiben und die Wirkung an sich beobachten. Oder die Linien zu eigenen Bildern vervollständigen.

In der Tuschzeichnung bewegt sich ein Wesen auf Stufen. Ist es beschwerlich? Die höchste Stufe hat das Wesen schon erreicht. Auf jede der vier gezeichneten Stufen stützt sich ein Arm oder ein Bein ab und bewegt sich mühsam die Stufen nach oben. Das Wesen scheint die Treppen aufwärts zu klettern. Die Stufen sind stabil und fest und können viel Gewicht tragen. Das Wesen entsteht aus einer getuschten Pinselspur. Es wirkt nicht schwebend, sondern schwer, vielleicht sogar schwerfällig. Die Stufen unterstützen das getuschte Wesen. Die sparsamen Spuren im Raum lassen ein Gefüge, vielleicht sogar eine Figur entstehen. Das Bild ist reduziert, es lässt individuelle Interpretationen zu, die Figur kann eine Stimmung wachrufen.

So kann Kunst berühren ohne Festlegung, ohne dass durch Ungeschicklichkeit oder Missverständnisse Verletzungen entstehen, denn sie lässt dem Betrachtenden die Freiheit. Sie kann ein Aha-Erlebnis auslösen, man erkennt etwas wieder. Sie kann mit dem Verstorbenen verbinden, an gemeinsam Gelebtes erinnern und geteiltes Dasein ermöglichen. Wenn ein Trauernder allein schaut, kann ein Gefühl der Rührung und des Berührtwerdens aufkommen. Kunst kann auch ein Gemeinschaftsgefühl in einer Gruppe von Trauernden erzeugen, Möglichkeiten des Dialogs eröffnen, was Gemeinsames in der Vielfalt des Individuellen entstehen lässt.

Was für eine Form bilden diese Linien? Ist es ein Kegel? Eine Spielfigur? Aus einer Figur, die am oberen Rand offen erscheint, hängen zwei Linien. Sind es die Beine eines Körpers, der sich mit dem Oberkörper in diese Figur gesenkt hat? Oder schwingen hier Beine so kräftig, dass sie der Form erst durch den Schwung der Beine den Knick zugefügt haben? Schwebt die Form? Steht sie? Ist es überhaupt eine geschlossene Form? Oben ist die Linie, die den Rand definiert, nicht direkt angeschlossen. Sie

hört kurz vor dem Abschluss auf. Wohin will der Schwung? Wer löst den Schwung überhaupt aus?

Monika Bartholomés Zeichnungen lassen Vieles offen; die Künstlerin ist dabei nicht distanziert. Sie beschreibt ihre Tätigkeit und den Weg von der eigenen Person zum Betrachter, die sich im Akt des Zeichnens ausdrücken: »Die Hand folgt der inneren Bewegung. Die Hand tut nicht, sie empfängt, nimmt auf und gibt ab. (…) Die Hand ist durch die Formulierungen der Linien die geistige Mittlerin zwischen innen und außen. Die Linie ist abstrakt und konkret zugleich. Die Linie ist wesenhaft oder Grenze oder beides. (…) Das Zeichnen ist Zwiesprache, zwischen dem, was entsteht, was sich zeigt, und dem möglichen Betrachter. Zeichnen ist kommunizieren« (Bartholomé 2013, S. 61).

Die Zeichnungen sind in diesem Sinn ein Angebot der Künstlerin, die ihr Inneres durch die Bewegung des Zeichnens öffnet, ohne sich aufzudrängen.

Man sieht Stufen oder Falten nach oben. Wo hört das denn auf und wo fängt es an? Sind es Stufen einer Treppe? Sind es Falten? Führen sie uns nach unten oder nach oben? Gehören sie zu einem Gebäude? Fällt Licht in das Treppengefüge ein? Es gibt schräg angeschnittene und abschüssige Flächen. Kann man sich in diesem angedeuteten Raum bewegen? Würden wir in diesem Raum abrutschen? Könnte man sich an die Stufen klammern und nach oben zum offenen Raum kommen? Ist der Blick nach oben befreiend oder löst er ein Gefühl der Angst aus? Weckt diese Zeichnung Widerstand, weil der Raum nicht deutlich definiert werden kann?

Kunstwerke wie die Zeichnungen von Monika Bartholomé eröffnen Seh- und Spielraum, sie können die Phantasie eines Trauernden anregen und anstoßen. Die Begegnung mit diesen Zeichnungen lässt dem Betrachter einen Reflexionsraum, eine Zeichnung kann einen Sinn andeuten, der in einer bestimmten Phase gebraucht wird. Linie für Linie können sie helfen, die Fragilität des Lebens anzunehmen, den Schmerz des Verlustes zu identifizieren und eine neue Form der Gestalt in einer Beziehung über den Tod hinaus zu finden.

Monika Bartholomé lebt und arbeitet in Köln. Im 2013 erschienenen »Gotteslob«, dem neuen Gesangbuch der deutschsprachigen Katholiken, wurden neben Texten und Liedern als drittes Element Zeichnungen der Kölner Künstlerin, Monika Bartholomé, aufgenommen.

Website: www.monika-bartholome.de

© Julia Widdig

Adelheid Scholten lebt in Berlin. Sie ist Kunsthistorikerin und Kunstlehrerin. Die Begleitung eines Freundes, der an ALS erkrankt war, führte sie zum Thema Trauer und Trauerbegleitung. Fortbildung zu »Trauer erschließen®«. Sie arbeitet an einem Konzept für Trauerreisen.

E-Mail: Adelheid.Scholten@t-online.de

Literaturhinweise

Bartholomé, M.: Die Fülle des Lebens. Zeichnungen im neuen Gotteslob. Katalog anlässlich der Ausstellung »Alles auf Papier«. Akademie Franz Hitze Haus Münster 2013.

Bertman, S. L.: Facing Death. Images, Insights, and Interventions. A Handbook for Educators, Healthcare Professionals, and Counselors. New York, London 1991.

Das Abbild als verewigte Erinnerung

Andreas Lehne

Nach dem Verlust eines nahen Angehörigen bemühen wir uns, ihn präsent zu halten. Wir heben Gegenstände auf, die uns an ihn erinnern, wir suchen vor allem nach Bildern, Fotos, auf denen er einen charakteristischen, liebenswerten Ausdruck hat. Wir lassen diese Fotos rahmen und platzieren sie so, dass unser Blick oft darauf fällt. Dieses Bedürfnis nach dem Bildnis, das einen Verstorbenen vergegenwärtigt, ist zweifellos uralt und doch kann es erst seit der zweiten Hälfte des 19. Jahrhunderts, seitdem die Fotografie verfügbar geworden ist, allgemein befriedigt werden. In den Jahrtausenden zuvor war es ein Privileg der Reichen und Mächtigen, sich durch Abbilder »verewigen« zu lassen.

Der Umgang mit dem Tod und den Toten war ein ungeheuer wichtiger Motor für die Kunst. Dabei stand am Anfang der Entwicklung nicht so sehr die pietätvolle Erinnerung als die Furcht vor den Toten im Vordergrund. Die Geister der Verstorbenen, die einem ja im Traum erscheinen konnten und denen man zutraute, in die Sphäre der Lebenden eingreifen zu können, mussten gebannt, der friedliche Übergang in eine andere Welt gesichert werden. Die uns bekannten grandiosen Bildnisse ägyptischer Herrscher waren nicht für die Nachwelt gedacht, Mumien und Abbilder sollten von den Seelen der Verstorbenen bewohnt werden. Auch die in den häuslich eingerichteten Grabkammern der etruskischen Nekropolen gefundenen, oft erstaunlich realistischen Darstellungen der Verstorbenen waren wohl nicht als Erinnerung für die Lebenden bestimmt. Die aus Terrakotta, Alabaster oder Marmor gefertigten Bildnisse, die am Beginn der Entwicklung der römischen Porträtkunst stehen, zeigen durchaus lebendige Personen, oft auch Paare, die etwa nebeneinander liegend ein gemeinsames Mahl einnehmen und so ein Leben im Jenseits genießen.

Etruskischer Sarkophag aus Cerveteri

Im klassischen Griechenland setzte sich die Vorstellung durch, dass Grabmonumente die Persönlichkeit des Verstorbenen, seine Vorzüge und Verdienste für die Nachwelt bewahren sollten. Übrigens findet sich auch in der griechischen Dichtung ein früher Hinweis auf den individuellen Wunsch nach einem solchen Grabmal, das ein Nachleben in der Erinnerung der Angehörigen ermöglicht. In der »Odyssee« bittet der Geist eines der Gefährten des Odysseus um ein derartiges weltliches, zur Nachwelt orientiertes Grabmal: »Häufe mir dann am Gestade des Meeres ein Grabmal, mir unseligem Mann, den künftigen Menschen zur Kunde. Dieses erfüllt mir alles und pflanz in den Hügel das Ruder, das ich geführt, da ich lebte im Kreise meiner Gefährten.«

Leidfaden, Heft 2/2014, S. 64–65, © Vandenhoeck & Ruprecht GmbH & Co. KG, Göttingen, 2014, ISSN 2192-1202

Grab der Margarete von Österreich in Brou

In der griechischen Grabkunst finden wir daher Darstellungen der Verstorbenen, die durchaus modern scheinen und als Vorbilder bis in die Gegenwart fortwirken. Gefallene Krieger, Handwerker, deren Metier an ihren Werkzeugen erkennbar ist, Eheleute, die voneinander Abschied nehmen, junge Frauen, die sich entschleiern wie am Tag ihrer Hochzeit. Die meisten derartigen Darstellungen finden sich auf einfachen Stelen, die wohl im Freien aufgestellt waren. Die griechische Kultur kannte aber auch das architektonische Grabmal, dessen Größe und künstlerische Ausstattung von der Bedeutung des Verstorbenen zeugen sollte. Das berühmteste dieser Monumente war jenes fast fünfzig Meter hohe Grabmonument, das König Mausolos von Karien für seine Gattin Artemisia und sich errichten hatte lassen. Es galt als eines der sieben antiken Weltwunder und ist namensgebend für derartige Bauten geworden.

Im christlichen Mittelalter befinden sich die Gräber der Mächtigen in den Kirchen, die durch das Messopfer, aber auch die in den Altären aufbewahrten Reliquien der Heiligen eine besondere Nähe zu Gott garantierten. Hier ruhen die bekrönten Könige und Königinnen, die Ritter in voller Rüstung, die Äbte und Bischöfe, alle meist liegend ganzfigurig als Lebende oder Entschlafene dargestellt. Ebenso wertvoll wie die Gewänder, in denen sie abgebildet sind, ist meist der Stein, aus dem ihr Abbild gehauen ist. Die Zurschaustellung weltlichen Glanzes widersprach allerdings bis zu einem gewissen Grad der christlichen Lehre von der Hinfälligkeit menschlicher Existenz, von der Gleichheit aller im Angesicht von Tod und Gericht. Dieser auf die Ewigkeit im Jenseits und nicht auf die Unsterblichkeit im Diesseits gerichtete Vorstellung lag eine spezielle Gruppe von mittelalterlichen Grabdenkmalen zugrunde, bei denen der Tote im Zustand der Verwesung oder als Skelett »en transi« dargestellt wurde. Als Ausgleich zwischen diesen beiden so verschiedenen Repräsentationsweisen verwirklichte man schließlich auch ihre Kombination auf zwei unterschiedlichen Ebenen: oben der Mensch in seiner würdevollen Erscheinung als Lebender, darunter derselbe als Toter.

In dieser Tradition steht als ein Höhepunkt abendländischer Grabbaukunst jene Denkmalkirche, die Marguerite d'Autriche für sich und ihren Mann Philibert von Savoyen in Brou errichten ließ und die als Beweis dafür gesehen kann, wie die Errichtung eines solchen Werkes, Trauerarbeit im buchstäblichen Sinn, auch als Weg zur Überwindung des Schicksals gesehen kann. Marguerite,Tochter von Kaiser Maximilian I. und der Maria von Burgund, war zweimal verheiratet. Ihre beiden Männer sind nach kurzer, glücklicher Ehe tragisch ums Leben gekommen; die Kinder, die sie von beiden erwartet hatte, kamen tot zur Welt. Dennoch war sie keine gebrochene Frau, sondern führte ein aktives Leben als kluge und tatkräftige Politikerin. In der Kirche, die sie errichten ließ, beschäftigte sie die besten Künstler ihrer Zeit, ihren zweiten Ehemann ließ sie sowohl als Lebenden wie auch als Toten darstellen. Ihr Marmor-Abbild liegt neben dem seinen. Überall in der Kirche findet sich ihre tröstliche Devise: Fortune, Unfortune, fort une.

© BDA/Bettina Neubauer

Dr. Andreas Lehne, Studium der Kunstgeschichte und Archäologie in Wien; seit 1977 Tätigkeit im österreichischen Bundesdenkmalamt, Leiter der Abteilung für Inventarisation und Denkmalforschung, Bundesdenkmalamt Wien. Lehraufträge an der Technischen Universität und der Universität für angewandte Kunst in Wien.

E-Mail: andreas.lehne@bda.at

Poesietherapie

Worte finden für Trauer und Abschied

Silke Heimes

»… nur eins bleibt: eine unendliche Schönheit, die aus einer Form in die andere tritt, ewig aufgeblättert, verändert«.
(Georg Büchner, Lenz)

wenn man Augen hätte, das zu sehen …
und eine Seele, die es aushält: Trauer, Abschied nehmen, Schmerz, Vergänglichkeit
wenn das gelänge – zeitweise …
und immer wieder ein Strahl hineinleuchten könnte und würde
und ein Blatt am Baume bleiben würde: ein einziges …
es reichen keine Worte hinein in Trauer und Sterben …
ein wenig beieinander kann man sein, zuweilen

und dann ist da das Schreiben: Entlastung, Erlösung, innerer und äußerer Dialog, Distanzierung, Perspektivwechsel, Neubewertung …

Verarbeitung belastender Erlebnisse

Keiner von uns geht »unbeschadet« durchs Leben. Wir alle müssen uns mit Vergänglichkeit, Krankheit und Tod auseinandersetzen. Unsere Lebensbiographien sind voller Brüche und Abschiede, voll Trauer und Kummer, aber auch voller Hoffnungen und Neuanfänge. So lange wir atmen, leben wir, so lange wir leben, besteht Hoffnung. So lange wir schreiben, nehmen wir uns, unsere Gedanken und Gefühle ernst, sind bereit, uns mit uns selbst und unserer Umwelt auseinanderzusetzen. So lange wir schreiben, sind wir aktiv und in Kontakt, mit uns und anderen, und können zu unserer Gesunderhaltung oder Gesundung beitragen.

Denn ob und auf welche Weise wir schwierige Lebensereignisse verarbeiten und ob wir körperlich und psychisch gesund bleiben, hängt neben dispositionellen Faktoren auch von Ressourcen, Bewältigungsstrategien und kognitiven Verarbeitungsmustern ab. Wenn wir negative Gefühle und Gedanken dauerhaft unterdrücken, kann dies zu körperlichem und psychischem Stress beitragen und eine Ankoppelung von Emotion und Kognition in Hinblick auf die Verarbeitung belastender Erlebnisse und eine Integration des Erlebten verhindern.

Günstig ist es hingegen, wenn wir es schaffen, negative Erlebnisse durch Bearbeitung und Neubewertung so zu gestalten, dass sie sich in unser Welt- und Selbstbild integrieren lassen und ihre negativ-affektive Wirkung erträglich wird. Segal und Kollegen, die Witwen die Gelegenheit gaben, über ihre Gedanken und Gefühle bezüglich des Verlustes ihres Ehepartners zu sprechen, konnten zeigen, dass der Ausdruck von Gedanken und Gefühlen zu einer verbesserten Stimmung beitrug, die Hoffnungslosigkeit verminderte und unerwünschte Gedanken (Intrusionen) seltener werden ließ:

»Our results provide further support for the idea that the active and conscious reexamination of trauma appears to lessen the experience of unwanted thoughts about the trauma […] The effects of emotional expression, as indicated by results of this study, can be beneficial and long-lasting, and the intervention

Leidfaden, Heft 2 / 2014, S. 66–70, © Vandenhoeck & Ruprecht GmbH & Co. KG, Göttingen, 2014, ISSN 2192-1202

Henri de Toulouse-Lautrec, The Authoress of St. Lazare 1886–1889 / INTERFOTO / SuperStock / Peter Willi

So lange wir atmen, leben wir, so lange wir leben, besteht Hoffnung. So lange wir schreiben, nehmen wir uns, unsere Gedanken und Gefühle ernst, sind bereit, uns mit uns selbst und unserer Umwelt auseinanderzusetzen.

> *does not necessarily have to occur within the confines of traditional therapy«*
> (Segal et al. 2001, S. 470 f.).

Kovac und Range (2000) fanden heraus, dass das Schreiben über den Verlust eines Familienangehörigen zur Trauerbewältigung beiträgt. Auch Grübeleien, die oft mit kritischen Lebensereignissen einhergehen, können sowohl eine Depression auslösen oder verlängern als auch eine effektive Problemlösung verhindern. Dies kann in einen Circulus vitiosus münden: Die Grübeleien führen zu Verunsicherungen, die zur Handlungsunfähigkeit beitragen, welche die Passivität erhöht und die Grübeleien wiederum verstärkt.

Studien mit trauernden Müttern, Überlebenden von Krebserkrankungen und Kindern mit Gewalterfahrungen legen nahe, dass der Ausdruck stressbezogener Gedanken in Gegenwart einer unterstützenden Person die ungünstige Assoziation zwischen negativen Gedanken und Grübeleien und psychischer Gesundheit verringert (Heimes 2012). Eine weitere Untersuchung zeigte, dass sich sowohl Patienten mit einer depressiven Störung als auch Patienten mit einem Erschöpfungssyndrom nach dem Schreiben besser fühlten, selbstreflektierter waren, aktiver nach Lösungen suchten und ein gesteigertes Selbstwertgefühl hatten:

> *»Die Zunahme der Scorewerte im Bereich des Selbstwertes bestätigen die Annahme, dass die kreative Eigentätigkeit des Schreibens dazu verhelfen kann, ein autonomes Selbstwertgefühl zu entwickeln, psychische Leistungen über ästhetische Simulation wieder aufzubauen und auf diese Weise ein Gefühl der Selbstwirksamkeit zu erlangen«*
> (Heimes et al. 2008, S. 41).

http://www.kinder-hd-uni.de/schrift.html

Perspektivwechsel und Neubewertung

Die Art und Weise, wie ein Mensch denkt, beeinflusst, wie er sich fühlt und verhält. Untersuchungen haben gezeigt, dass eine zu starke Fokussierung auf die eigene Person, ohne die Fähigkeit der Distanzierung oder des Perspektivwechsels, negative Gedanken und Gefühle begünstigt und soziale Kontakte beeinträchtigt, da zu wenig Kapazität zur Verfügung steht, um die Wahrnehmung und Aufmerksamkeit nach außen zu richten, sozial aktiv zu werden und sich in ein Netzwerk einzubringen.

In zahlreichen Untersuchungen konnte nachgewiesen werden, dass die stressneutralisierende Wirkung des Schreibens auch dadurch bedingt ist, dass belastendes Material, das ursprünglich verbal nicht zugänglich war, in kognitiv-emotionale Strukturen und verbale Elemente »übersetzt« wird. Auch die persönliche Reifung von Menschen nach erlebten Krisen wird durch eine kognitive und emotionale Verarbeitung unangenehmer Ereignisse begünstigt (Maercker und Langer 2001).

Campbell und Pennebaker fanden einen positiven Zusammenhang zwischen dem flexiblen Gebrauch von Personalpronomen und Verbesserungen der Gesundheit, den sie so deuteten, dass ein flexibler Einsatz von Personalpronomen auf die Fähigkeit eines Perspektivwechsels verweist, der die Möglichkeit eröffnet, Erlebnisse in größeren sozialen Bezügen zu verstehen. In ihrer Untersuchung profitierten vor allem Teilnehmer vom Schreiben, die in der Lage waren, ihre individuelle und soziale Perspektive von Sitzung zu Sitzung zu variieren:

> »*Across the three writing studies, the way individuals wrote about emotional topics was related to a measure of health improvement [...] Individuals who altered their individual and social perspectives from day to day were the particicpants most likely to benefit from the disclosure exercise*«
> (Campbell und Pennebaker 2003, S. 64).

Und auch die Einordnung schwieriger Ereignisse in einen größeren Zusammenhang kann zu einer günstigen Verarbeitung beitragen. Chen und Kollegen ließen Menschen beim Schreiben über ein belastendes Erlebnis eine religiös-spirituelle Perspektive einnehmen, was die Verarbeitung schwerer Traumata unterstützte (Chen und Contrada 2009) wie auch das Schreiben auf der Grundlage einer existenziellen Sinnkomponente dazu führte, dass eine als existenziell bezeichnete Frustration abnahm und eine posttraumatische Reifung zunahm (Gebler und Maercker 2007).

Was uns Autoren über ihr Schreiben verraten

Neben all diesen Untersuchungen, die unter klassischen klinischen Rahmenbedingungen durchgeführt wurden, gibt es persönliche Erfahrungen: Erfahrungen und Rückmeldungen der Teilnehmer des therapeutischen Schreibens und die Selbstauskünfte renommierter Autoren, die uns verraten, wie hilfreich ihr eigenes Schreiben für sie war und wie essenziell es zur Lebensbewältigung beigetragen hat. Die meisten Aussagen können für sich selbst stehen. So klar und eindeutig die Worte sind, bleibt anzumerken, dass Worte nicht nur heilen, sondern auch verletzen können und in Worten ausgedrückte Gedanken und Gefühle der Resonanz bedürfen.

Gehört oder gelesen zu werden kann ebenso heilsam sein wie das Schreiben selbst – zuweilen kann das eine nicht ohne das andere, aber alles zum richtigen Zeitpunkt, da Gedanken und Gefühle in akuten Stresssituationen unter Umständen erst des Schutzraumes des Schreibens bedürfen, bevor sie über das Schreiben hinaus mitteilbar werden. Was uns Autoren über ihr Schreiben und ihr Leben verraten, kann selbst schon heilsam sein, befreit es doch aus Einsamkeit und Sprachlosigkeit, versichert es uns immer wieder, dass wir Mensch unter Menschen sind und Schicksal und Leiden Teil des Lebens sind, ein Teil, mit dem sich unter günstigen Umständen ein Umgang finden lässt – vielleicht ein schreibender oder lesender.

»Schreiben ist eine Art von Therapie; manchmal frage ich mich, wie jene Menschen, die nicht schreiben, komponieren oder malen, es fertig bringen, dem Wahnsinn, der Melancholie oder der panischen Angst zu entfliehen, die mit dem Menschsein verknüpft sind.«
(Graham Greene)

»Die selbstverständliche Traurigkeit der Menschen macht sie zu Geschichtenerzählern (…) Unser Leben wird dann sinnvoll, wenn wir es uns erzählen können (…) Die Literatur hat die Aufgabe und den Sinn, die Tradition des Erzählens fortzusetzen, weil wir unser Leben nur erzählend bestehen können.«
(Peter Bichsel)

»Ich habe mir nie vorgenommen, zu schreiben. Ich habe damit angefangen, als ich mir nicht anders zu helfen wusste.«
(Herta Müller)

»Das Gedicht ist uns selbst auf der Spur, es zeigt uns Wege, die wir verlassen haben, die wir vergessen haben, die wir finden oder wiederfinden müssen, wenn wir auf dem Weg zu uns selbst sind. Darum sind Gedichte unverzichtbar, darum gehören sie zu unserem Existenzminimum.«
(Elisabeth Borchers)

»Die Personen meiner Romane sind meine eigenen Möglichkeiten, die sich nicht verwirklicht haben (…) Jede von ihnen hat eine Grenze überschritten, der ich selbst ausgewichen bin.«
(Milan Kundera)

Dr. med. Silke Heimes ist Ärztin, Poesietherapeutin, Autorin und Künstlerin. Sie ist Gründerin und Leiterin des Instituts für Kreatives und Therapeutisches Schreiben (IKUTS) in Darmstadt und bietet ab 2014 eine Fachfortbildung für Poesietherapie an. Sie arbeitet als Dozentin an der Hochschule Darmstadt und hat Lehraufträge für kreatives und therapeutisches Schreiben an verschiedenen deutschsprachigen Hochschulen.

E-Mail: info@silke-heimes.de
Websites: www.silke-heimes.de; www.ikuts.de

Literaturhinweise

Campbell, R. S., Pennebaker, J. W.: The Secret life of Pronouns: Flexibility in Writing Style and Physical Health. In: Psychological Science, 2003/14, S. 60–65.

Chen, Y. Y., Contrada, R. J.: Framing Written Emotional Expression from a Religious Perspective: Effects on Depressive Symptoms. In: The International Journal of Psychiatry in Medicine, 2009/39 (4), S 427–438.

Gebler, F. A., Maercker, A.: Expressives Schreiben und Existentialität bei der Bewältigung traumatischer Erlebnisse. Eine erste Interventionsstudie. Trauma & Gewalt/2007, 4, 264–273.

Heimes, S., Seizer, H. U., Soyka, M., Zingg, C.: Wort für Wort. Die Heilkraft der Sprache in der Poesietherapie. MTK, 2008, 19 (1), 36–47.

Heimes, S.: Warum Schreiben hilft. Die Wirksamkeitsnachweise zur Poesietherapie. Göttingen 2012.

Kovac, A. H., Range, L. M.: Writing projects: Lessening Undergraduates' Unique Suicidal Bereavement. Suicide & Life-Threatening Behavior, 2000/30, 50–60.

Maercker, A., Langner, R.: Persönliche Reifung durch Belastung und Traumata: Validierung zweier deutschsprachiger Fragebogenversionen. Diagnostica, 2001/ 47, 153–162.

Segal, D. L., Chatman, C., Bogaards, J. A., Becker, L. A.: One-year Follow-Up Of An Emotional Expression Intervention For Bereaved Older Adults. Journal of Mental Health and Aging, 2001/7 (4), 465–472.

»Was uns zunächst obliegt, ist allgemeine Trauer«

Harald Retschitzegger

Herrn Klaus Maria Brandauer
in Dankbarkeit zugeeignet

Burg – Theater und Trauer – Komparse

Bei der Verbindung *Trauer und Theater* werden viele an Shakespeare denken. Wo gibt es sonst so viele Tode und Tote? Shakespeare liegt nahe, weil in seinen Dramen die große Welt abgebildet wird – in all ihrer Tragik und Dynamik. Die *ganze* Tragödie! In einem palliativmedizinischen Standardwerk (Doyle u. a. 1998) findet sich ein Zitat von Shakespeares »Hamlet«: »O, wenn die Leiden kommen, / so kommen sie wie einzelne Späher nicht, / nein, in Geschwadern« (4. Akt, 5. Szene). Darin steckt die Vielfalt der Symptome, die Vielfalt des Leidens von schwerkranken und sterbenden Menschen – und die Vielfalt von Trauer.

Wenn man an einem Casting teilnimmt, bei dem das Wiener Burgtheater »rüde und kräftige Männer« sucht, der große Regisseur Peter Stein inszeniert und der größte österreichische Schauspieler die Hauptrolle spielt, dann ist man – nach erfolgreichem Casting – glücklich bei »König Lear« als Komparse angekommen. Und soll man dann über Trauer und Theater schreiben – dann liegt »Lear« nahe!

Inhalt und Verlauf

Der »König Lear« von Shakespeare ist 1604/05 entstanden, am Burgtheater wurde er erstmals 1780 aufgeführt. Die für unsere Begriffe große Brutalität in Shakespeares Werken lässt sich aus der Ursprungszeit heraus besser verstehen. Anfang des 17. Jahrhunderts war der Tod sehr präsent. Im Pestjahr 1603 starb etwa jeder fünfte Bewohner Londons (MacGregor 2014, S. 254). »In Shakespeares Welt war das Abschlachten von Menschen Teil des Lebens. Wer über die London Bridge schlenderte, um sich im Globe (…) ein Stück anzuschauen, den konnte dieser Weg an den Spießen vorbeiführen, auf denen Köpfe von Verrätern steckten« (MacGregor, S. 274).

Das Stück handelt vom achtzig Jahre alten König Lear. Er will sein Erbe auf seine drei Töchter aufteilen und fordert sie auf, mit Worten ihre Liebe zu ihm zu bezeugen. Die älteren, Regan und Goneril, tun dies wortgewandt. Die jüngste, Lieblingstochter Cordelia, verweigert diese verbale Bestätigung, weil sie meint, ihren Vater zu lieben reiche aus – sie müsse dies nicht mit Worten tun. Lear ist daraufhin von ihr so enttäuscht, dass er sein Reich auf Regan und Goneril aufteilt – und Cordelia enterbt und des Landes verweist. Mit ihr verbannt er den Grafen Kent, seinen treuesten Freund, weil dieser den König auf seinen Fehler hinweist. Lear macht sich damit selbst zum Ausgestoßenen und treibt in den Wahnsinn.

Im Verlauf wird Lear von den älteren Töchtern völlig entrechtet, seinem Schicksal preisgegeben und am Ende von Cordelia gerettet. Zeitlich synchron erzählt Shakespeare vom Grafen Gloster und seinen beiden Söhnen, dem älteren ehelichen Edgar und dem jüngeren unehelichen »Bastard« Edmund. Die Gloster-Tragödie ist mit der Lear-Tragödie durch zahlreiche Querverbindungen eng verknüpft. Der Verblendung Lears steht eine reale Blendung Glosters gegenüber. Und so wie Lear am Ende von seiner – vormals verstoßenen – Tochter gerettet wird, so wird es Gloster von seinem – vormals geächteten – Sohn Edgar. Lange Zeit wurde der König Lear in abgewandel-

Leidfaden, Heft 2 / 2014, S. 71–75, © Vandenhoeck & Ruprecht GmbH & Co. KG, Göttingen, 2014, ISSN 2192–1202

ter Form gespielt. Im 18. Jahrhundert endete das Drama regelmäßig mit der Versöhnung von Vater und Tochter.

Humor und Narr

Als treuer Begleiter des Königs tritt die Figur des Narren auf. »Man könnte (...) den Narren (...) herausnehmen, ohne dadurch die Handlung wesentlich zu stören, aber dann wäre niemand mehr auf der Bühne, der unsere Stelle verträte« (Bloom 2013). Denn genau das tut der Narr: Er spricht aus, was wir fühlen. Dabei steht der Narr weniger für eine Person als für einen Zustand oder eine Instanz. Der Narr ist auch deshalb wichtig, weil er von Anfang an eine Seite des Königs zeigt, die wir sonst nicht kennen würden: Zum Narren verhält sich Lear liebevoll und nahezu zärtlich – er legt ihm zum Beispiel im Sturm den Mantel um.

Das Geschehen im »Lear« ist derart düster und dunkel, dass der Narr als bunter Farbklecks eine wesentliche Funktion innehat, die wir auch von palliativer Betreuung und in der Trauer, im Schmerz, kennen. Die erleichternde Funktion des Lachens, von Humor, kann man auch bei den Aufführungen erleben. Manchmal hört man bei den intensivsten Szenen Lachen im Publikum, zum Beispiel als Edmund nach dem Kampf im Sterben liegt. Der Darsteller des Gloster beschreibt mir in einem Gespräch aber, dass ihn das auf der Bühne nicht störe – sondern dass »manche im Publikum das offensichtlich brauchen, um das alles auszuhalten«.

Lear und seine Entwicklung

Anfangs erleben wir Lear als patriarchalischen Herrscher. »Er ist nicht nur irgendwo drin, wo der Bastard draußen ist, sondern sitzt feierlich in der Mitte« (von Matt 1997, S. 157). Plötzlich steht Lear aber nicht mehr in der Mitte einer Ordnung, sondern wird an den Rand gedrängt. Nach der Teilung seines Reiches wird er nur mehr als der Vater von Königinnen gesehen, sein Titel verliert seine Funktion. »Und weil es darüber hinaus kein natürliches Band (...) gibt, wird er nicht nur als König, sondern auch als Vater vom Thron gestürzt« (Abbasi 2013).

Wenn Lear als gedemütigter König, unbehaust, in Begleitung seines Narren, des als Diener verkleideten Kent und des sich hinter der Maske eines Wahnsinnigen verkleideten Edgar auf der Heide in Sturm und Unwetter herumirrt – wobei die äußere Situation seiner inneren entspricht –, erkennt er den Menschen, und damit sich selbst, als das, was der Mensch ist: »ein armes, nacktes, zweizinkiges Tier« (III, 4).[1] In weiterer Folge erlebt Lear schreiend, fluchend, klagend seine letzte Geburt in »seine letzte Kindheit hinein« (von Matt 1997, S. 158). Erst im realen Wahnsinn dämmert ihm die Wahrheit auf, gelangt er an den Rand der Vernunft. Und findet erst in der tatsächlichen Nacktheit seinen Schutz, seine Bekleidung – so wie er in der Wüste Behausung findet und ihm in der Blindheit die Augen aufgehen. »Aus dem erreichten Nichts bricht die Wirklichkeit.«

All das sieht man im Stück. »Nicht nur, weil er ein unglaublicher, wahnsinniger, alle Farben des menschlichen Seins spiegelnder Charakter ist, sondern weil er das großartige literarisch-theatralische Beispiel für die unerträgliche Leichtigkeit des Seins ist – und gleichzeitig ein Beispiel für die Notwendigkeit, Erleuchtung zu erlangen« (Brandauer 2013, S. 27). Man kann dem König Lear folgen auf seinen Irrwegen, all den Wegen seiner Erkenntnis, in seiner Verzweiflung, seinem Zweifeln – bis hin zum Ende, der Zeit der Erkenntnis und der tiefsten Trauer.

Sprache und Sprachlosigkeit

Als am Beginn des Stückes die Aufteilung des Reiches ansteht, sagt Cordelia zu sich selbst: »Arme Cordelia dann! / Und doch nicht arm; denn meine Liebe, weiß ich, / Wiegt schwerer als mein Wort« (I, 1). An dieser Stelle glaubt sie noch daran, dass Lear den Unterschied zwischen den Worten und der Sache wahrnehmen kann.

© Reinhard Werner / Burgtheater

»Das ›Sprechen von den Dingen‹ erscheint dabei in vielfältigen Brechungen als Problem der handelnden Personen wie auch als *Problem des Stückes selbst.* Es ist eines der monumentalen Motive des ganzen *King Lear*« (Günther 2012, S. 271).

Schon am Ende des 1. Aktes erkennt Lear: »I did her wrong« (I, 5). »Ich tat ihr Unrecht.« Halblaut, nebenbei … Oft passiert es so in der Kommunikation, dass die wichtigsten Aussagen »a-part«, ganz nebenbei, gemacht werden. Wenn wir mit Patientinnen und Patienten wichtige Gespräche führen, werden oft die wesentlichen Fragen ganz kleinlaut nebenbei gestellt – und wir nehmen sie vielleicht nicht ernst genug oder überhören sie.

Lear merkt plötzlich, dass alles nicht mehr stimmt, so wie er meinte. Er glaubte den Worten seiner Töchter – und merkt nun, dass es nur Worte waren. »Sein Sehen war Blindheit bei gesunden Augen; sein Kleid war Nacktheit bei Samt und Seide. Seine Vernunft war Wahn. Sein Wesen war nichts. Er dachte sich in der Mitte der Welt und war doch im Leeren, in der Wüste« (von Matt 1997, S. 157). Und »deshalb«, schreibt von Matt weiter, muss er jetzt in all dies hinein: »in die Blindheit, in die Nacktheit, den Wahnsinn, das Nichts – er und sein Alter ego, der Graf von Gloucester[2].« Gloster schenkt ähnlich wie Lear Worten ein zu großes Vertrauen, er lässt sich von Edmunds Intrige täuschen und reagiert heftigst gegen seinen Sohn Edgar.

König Lear – Palliative Care und Trauer

Im »Lear« werden zahlreiche Themen angesprochen, welche in Palliative Care Bedeutung haben: das Nicht-wahrhaben-Wollen des Todes, das Bedenken der eigenen Sterblichkeit, der ganze Themenbereich der Kommunikation und der Wahrhaftigkeit. Die Verwirrtheit – der »Wahnsinn« Lears – lässt an ein sehr häufiges Krankheitsbild in der Geriatrie denken. In der Demenzerkrankung und auch bei Edgar erleben wir die Umkehr der Vater-Kind-Situation in geriatrischer Betreuung; Edgar beschützt, umsorgt, tröstet den hilflosen Vater. Und ein weiteres Palliativthema: Teamarbeit. Anfangs erleben wir Lear absolut paternalistisch – wie wir das auch lange aus der klassischen Medizin kennen. »Einbindung der Betroffenen«, »interdisziplinäre Teamarbeit« fehlen.

Trauer ist ein wesentliches Thema in diesem Stück – weil so viel Tragisches passiert. Nicht nur Lear trauert, auch Gloster trauert sehr. Er kann sich sein Fehlverhalten und die Ungerechtigkeit gegenüber Edgar nicht verzeihen. Er klagt sich immer wieder mit voller Härte selbst an und ist in tiefster Verzweiflung, in tiefster Trauer. »O! Madam, my old heart is crack'd, it's crack'd« (II, 1). Auch nach seinem fingierten Selbstmord – der Klippenszene, die Günther als »therapeutische Simulation des Todes« (2012, S. 286) – bezeichnet, fällt Gloster immer wieder in die Verzweiflung.

Am Ende stirbt er ebenso wie Lear, nachdem sich Edgar, sein Kind, ihm zu erkennen gegeben hat.

Das Stück ist dicht gefüllt mit intensiven Szenen. Für mich am eindrücklichsten ist die Schlussszene. »Ist dies das verheißene Ende der Welt?«, fragt Kent (V, 3), als die ganze Trauer dieses Stückes so intensiv spürbar wird. Beginnen tut die Trauer viel früher. Die Hofübergabe ist bereits die Einleitung zur Trauer, hier beginnt Lear Abschied zu nehmen. Im IV. Akt hört man ihn noch: »Ihr denkt, ich werde weinen? / Nein, weinen will ich nicht. / Wohl hab ich Grund zu weinen; doch dies Herz / Soll eher in hunderttausend Scherben splittern, / Bevor ich weine. – O Narr, ich werde wahnsinnig« (II, 4).

In der Schlussszene betritt Lear die Bühne – mit der jüngsten und liebsten Tochter auf den Armen. Offensichtlich ist auch sie tot. Er setzt sich auf den Boden zwischen seine beiden toten älteren Töchter. Er lässt Cordelia in seinen Armen liegen. Und er spricht mit ihr. Klaus Maria Brandauer spielt diesen Lear als Menschen, der am Ende so klein wird, so weich – weil er endlich alles versteht –, und sitzt dabei inmitten seiner drei toten Töchter. Die Trauer übermannt ihn, überwältigt ihn. Der intensivste Ruf der Trauer kommt von ihm mit »Heult, heult, heult! Oh, Ihr seid Menschen aus Stein! / Oh, hätte ich eure Augen, eure Zungen, / Ich nützte sie, / Daß es die Himmelswölbung sprengte! – Hin auf immer! Sie ist tot wie die Erde« (V, 3). Lear: »Nein! Nein! Kein Leben! / Ein Hund, ein Pferd, die Maus soll Leben haben, / Und du nicht einen Hauch? – Oh, du kehrst nimmer wieder, / Niemals, niemals, niemals, niemals, niemals!«, so schreit er, klagt er, leidet er (V, 3). Sein Schmerz ist groß, er fühlt sich mitschuldig, schuldig an ihrem Tod. Begonnen hat alles mit ihrer Verstoßung und nun ist sie dem korrupten System seiner Töchter und den Intrigen von Edmund zum Opfer gefallen.

Und mit Lear leiden alle, die in seiner Umgebung sind – so auch wir als Komparsen im letzten Akt. Alle spüren seine Trauer, spüren sein Leiden, spüren seine Verzweiflung. Und der König spricht so, wie jeder Mensch es kennt, der eigene Kinder hat. Er spricht zärtlich, so liebevoll, er spricht zu seinem Kind, egal, wie alt es schon ist. »Seht ihr dies? Seht sie an! – Seht Ihre Lippen, / Seht hier, – seht hier!« (V, 3). Und er spielt mit ihren Lippen, spricht mit ihr wie zu einem Kleinkind, in der Kindersprache, wie es ein zärtlicher Vater mit seiner Tochter tut.

Wenn Kent dann sagt, »Brich, Herz, ich bitte dich, brich!« und Edgar ihn mit »Blick auf, mein König!« »zurückhalten möchte« – was wir als Betreuende auch bei Angehörigen manchmal erleben –, sagt Kent zu Edgar: »Quält seinen Geist nicht! Laßt ihn ziehen! Der haßt ihn, der auf die Folter dieser zähen Welt ihn länger spannen will« (V, 3).

»Ist dies das verheißene Ende der Welt?«

Günther schreibt »*King Lear* endet, nachdem gut 90 % aller Beteiligten mehr oder weniger gewaltsam ums Leben gekommen sind und der ganze Staat im Chaos darniederliegt, mit einem etwas befremdlichen Satz: ›Laßt uns, der trüben Zeit gehorchend, klagen, / Nicht wie sich's ziemt, nur wie wir's fühlen (V, 3)‹« (2012, S. 270).

Die Wandlung bei Lear und Gloster verläuft ähnlich. Beide sind anfangs außen groß – und innerlich klein. Im Lauf der Entwicklung dreht sich das um – sie werden äußerlich klein, aber reifen in ihrem Inneren zu einer Größe. Edgar sagt zu seinem Vater: »Was? Wieder Schwermut? Dulden muß der Mensch Sein Scheiden aus der Welt, wie seine Ankunft: Reif sein ist alles« (V, 2). Cordelia – die Jüngste – erweist sich als sehr reif. Sie zeigt Lear am Ende mit ihrer Liebe, die keine Forderungen stellt und alle Kränkung vergibt, was den Menschen zum Menschen macht. Der reumütige Herzog von Albany, Witwer von Goneril, einer der wenigen Überlebenden, fragt Edgar am Ende: »Wie habt Ihr Eures Vaters Leid erfahren?«, und Edgar antwortet: »Indem ich's pflegte« (V, 3), was ich als berührende Beschreibung von Beziehung sehe. Nach dem Tod von Lear spricht Albany: »Was uns zunächst obliegt, ist allgemeine Trauer.«

Gustav Klimt, Auditorium des alten Burgtheaters / INTERFOTO / IMAGNO

Bei der Verbindung Trauer und Theater werden viele an Shakespeare denken. Wo gibt es sonst so viele Tode und Tote? In Shakespeares Dramen wird die große Welt abgebildet – in all ihrer Tragik und Dynamik.

König Lear lernt die tiefe Trauer. Klaus Maria Brandauer *kennt* tiefste Trauer. Er stellt den trauernden König mit einer Tiefe dar, die der tiefsten menschlichen Trauer entspricht. Das ist Theater – großes Theater. Das Leben zeigen, wie das Leben ist. Unendlich tief. Unendlich wunderbar. Und unendlich traurig – auch.

Dr. Harald Retschitzegger, MSc. (Palliative Care), ist Palliativmediziner und Geriater. Er leitete zwölf Jahre lang eine Palliativstation in Oberösterreich, ist Lehrbeauftragter an der Medizinischen Universität Wien, Ärztlicher Leiter der Caritas der Erzdiözese Wien und Vizepräsident der Österreichischen Palliativgesellschaft (OPG). Und mit großer Freude Leser, Theaterarzt und derzeit als Komparse am Burgtheater Ritter des Königs Lear und Gefolgsmann des Herzogs von Albany.

E-Mail: harald.retschitzegger@caritas-wien.at

Literaturhinweise

Abbasi, S.: In: Programmbuch Burgtheater. Wien 2013.
Bloom, H.: In: Programmbuch Burgtheater. Wien 2013.
Brandauer, K. M.: »Scheitern ist nicht in meinem Blickfeld«. Der Standard, 22./23. Juni 2013.
Doyle, D. et al. (Eds.): Oxford Textbook of Palliative Medicine. Oxford 1998.
Günther, F.: Aus der Übersetzerwerkstatt. Vom Sprechen oder Schweigen des Textes. In: Shakespeare, König Lear. Zweisprachige Ausgabe. München 2012.
MacGregor, N.: Shakespeares ruhelose Welt. München 2014.
Matt, P. von: Verkommene Söhne, mißratene Töchter. Familiendesaster in der Literatur. München 1997.

Anmerkungen

1 Die Zahlen in Klammer geben jeweils Akt und Szene des Stückes an. Verwendet wird die Textfassung des Burgtheaters 2013, Deutsch von Peter Stein, nach Graf von Baudissin.

2 Andere Schreibweise für Gloster.

Gestalten – Betrachten – dem Leid Ansehen geben

Ruth Schroer

Bereits sehr früh begann sich für mich mein bis heute wichtigstes Thema herauszukristallisieren: der Mensch mit seinen Befindlichkeiten und seiner ganz spezifischen Weise, diese zu äußern. Dazu gehören Leid und sein Umgang mit Leid. Im Leben wie auch in der Kunst hat mich dieses Thema stets begleitet.

Während meiner langjährigen Arbeit mit jungen Menschen konnte ich viele wertvolle Erfahrungen sammeln, die sich insbesondere auch in meiner künstlerischen Tätigkeit niederschlagen. Ein Projekt, das mich besonders berührt und begeistert hat, war die interkulturelle Arbeit »Traces to a friend: Formen – Ausdruck – Akzeptanz«. Kinder und Jugendliche aus Hennef/Deutschland, Osaka/Japan und Umuahia/Nigeria bekamen die Aufgabe, in gefundenen Strukturen (Steine, Pflanzen, Wolkenbildern usw.) Konturen von Menschen – einzeln oder in Gruppierungen – aufzuspüren, diese dann zu fotografieren und die ausgedruckten Fotografien später zu übermalen.

Die deutschen Kinder stellten überwiegend Einzelpersonen dar und zeigten die Art und Weise des Individuums auf, sich auszudrücken. Die afrikanischen Kinder sahen vorwiegend Gruppenkonstellationen, sie fanden den Einzelnen in seinen Clan eingebettet. Bei den Bildern der japanischen Kinder gab es ausschließlich Darstellungen von Klischees, die sich an den Mangas orientierten: runde Köpfe, große Augen, »Kindchen«-Schema, ohne jeglichen individuellen Ausdruck.

Ich erhielt auf diese Weise interessante Informationen über unterschiedliche Wahrnehmung und Wiedergabe zwischenmenschlicher Prozesse aufgrund soziokultureller Prägung sowie eine Bewusstmachung und daraus erwachsende gegenseitige Toleranz und Akzeptanz.

Die Bildhauerkunst oder Bildnerei wird ganz allgemein als die Kunst definiert, »aus festen Stoffen körperhafte Gebilde zu schaffen. Diese können allseitig durchgebildet sein und so mit der Selbständigkeit eines Gegenstands im Raum erscheinen; sie können sich aber auch, dem Bilde vergleichbar, einer Fläche als Erscheinungsebene für die Gestalten bedienen«. Im letzten Jahrhundert machte sich das plastische Schaffen neue bildnerische Möglichkeiten zwischen Gegenständlichkeit und Abstraktion zugänglich und erweiterte die Werkstoffpalette um Beton, Stahl, Aluminium, Glas, Nylonfäden (aus: Brockhaus Enzyklopädie).

In meinen eigenen Arbeiten bevorzuge ich das Material Glas als Ausgangsbasis. Glas könnte die Vermutung nahelegen, es ginge mir um den »gläsernen Menschen«. Dieser steht als Symbol für die Situation des modernen Menschen, der sich im World Wide Web bewegt und darstellt, vielfach durchleuchtet wird und dessen Gendaten auf Computerbahnen in Sekundenschnelle rund um die Welt geschickt werden. Aber diese Visionen, die häufig eher Unbehagen erzeugen, interessieren mich nicht. Menschen, aber keine durchsichtigen Menschen, möchte ich zeigen und ich nutze dazu die Technik des Pâte de Verre (Paste aus Glas). Die mit farbigem Glas durchsetzten oder auch nach dem ersten Schmelzprozess übermalten und erneut in der Hitze des Ofens verschmolzenen Figuren konterkarieren die dem Glas innewohnende Transparenz.

Auch der dem Material (und oft dem Objekt Mensch) zugeordneten Eigenschaft der Zerbrechlichkeit wird mit diesem Ergebnis widersprochen.

Leidfaden, Heft 2/2014, S. 76–79, © Vandenhoeck & Ruprecht GmbH & Co. KG, Göttingen, 2014, ISSN 2192-1202

Die weichen, gerundeten und abstrahierten Körperformen sollen im Betrachter trotz des scheinbar kalten Materials haptische Gelüste wecken. Auch ohne detaillierte Binnenzeichnung versuche ich, die den Personen innewohnende Idee des Fragens, Suchens, Schauens nur durch die leicht geneigte Körperhaltung oder die angedeutete Hebung des Kopfes sichtbar zu machen. In ihrer Reduzierung sollen diese Figuren Assoziationen an archaische Figuren erwecken, die von einer magischen Aura umgeben sind.

Von der Begegnung mit den Kykladen-Idolen, die den Beginn der europäischen Plastik markieren und bei denen es nicht um fotorealistische Abbildung, sondern um Vermittlung von Inhalten durch Körperhaltung geht, war ich fasziniert. In diesen Werken sah ich mein eigenes Bestreben nach Ausdruck in anderen Materialien als Glas umgesetzt.

Auch die »Hockende« und die »Frau mit Zopf« lassen in ihrer kompakten Reduzierung die Körperformen nur erahnen. In aller Beugung wird gleichzeitig auch Stabilität deutlich und eine Art Vertrauen, dass Menschen sich dem Leiden wider-setzen, sich mit ihm auseinander-setzen und sich mit ihm ins Benehmen setzen können. In den mehrteiligen Personengruppen können die Figuren in verschiedener Weise arrangiert werden, um die unterschiedlichsten Konstellationen menschlichen Mit- oder Gegeneinanders, Vertrautheit und Fremdheit, zwischenmenschliche

Die Hockende

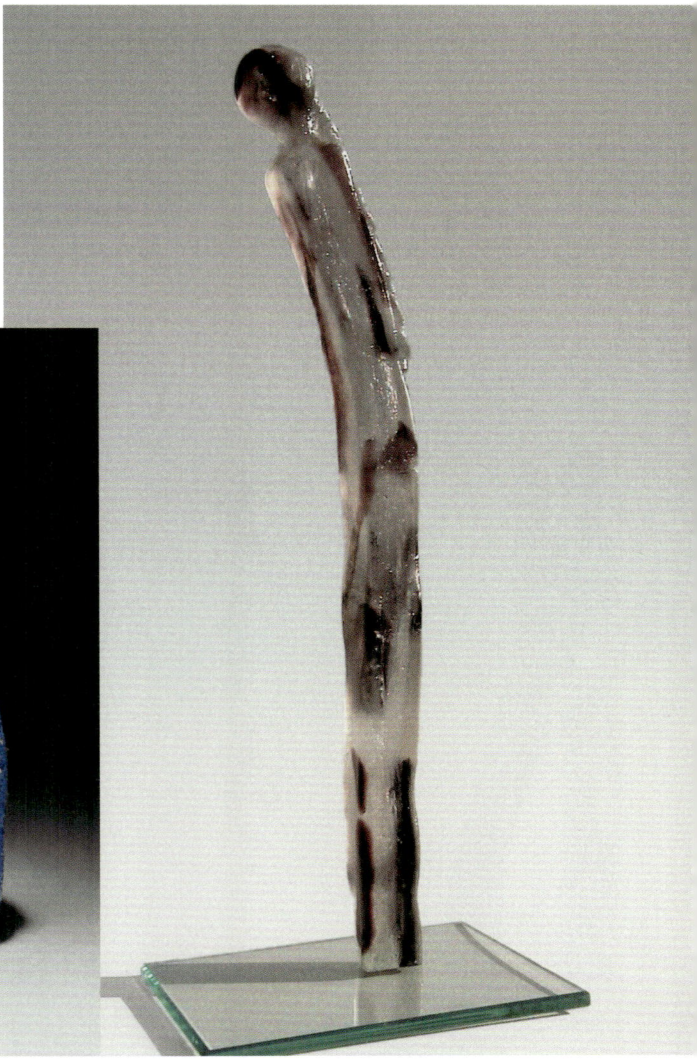

Frau mit Zopf

Gruppe

Gefühle oder auch das Anderssein eines Einzelnen in der Gruppe sichtbar zu machen.
In den Paarbeziehungen versuche ich in nuancierter Form die Interaktion zwischen Menschen deutlich zu machen. Das Aus-sich-Heraustreten, auf den Anderen zugehen, soziale Kontakte und Kommunikation sind für mich wichtige Antriebe im künstlerischen Gestaltungsprozess. Mit der Ausrichtung einer einzelnen Figur auf ein Gegenüber oder auf eine Gruppe versuche ich, mein Anliegen auszudrücken, das darin besteht, den Menschen mit seinen Befindlichkeiten und seiner Art, diese durch Körperhaltung zum Ausdruck zu bringen, darzustellen.

Das Faszinierende am Umgang mit Glas ist für mich auch die Möglichkeit, mit der Durchsichtigkeit des Materials Transparenzen zu schaffen und dadurch mit mehr als nur einer Darstellungsebene zu arbeiten. Mit Hilfe von Licht und Schatten können überbrückbare Leerräume entstehen, die scheinbar Gegensätzliches oder Getrenntes verbinden und bei denen ich mit Kontrasten spielen kann.

Doch so scheinbar gewichtslos Glas durch seine Durchlässigkeit wirken kann, so interessant kann diese Eigenschaft künstlerisch modelliert werden in Verbindung mit schwerem Metall, das für flexible Festigkeit, Zähigkeit und Bruchfestigkeit steht. Durch das Verschmelzen beider Elemente entsteht eine Spannung aus Leichtigkeit und Schwere, die weitere Bedeutungsdimensionen eröffnet. Zwischen die Scheiben setze ich metallene Drähte, Metallfolien oder Drahtgeflechte, die mit dem geschmolzenen Glas eine Symbiose eingehen.

Die Drahtnetze spielen mit Überschneidungen und schaffen so Verdichtungen und Schat-

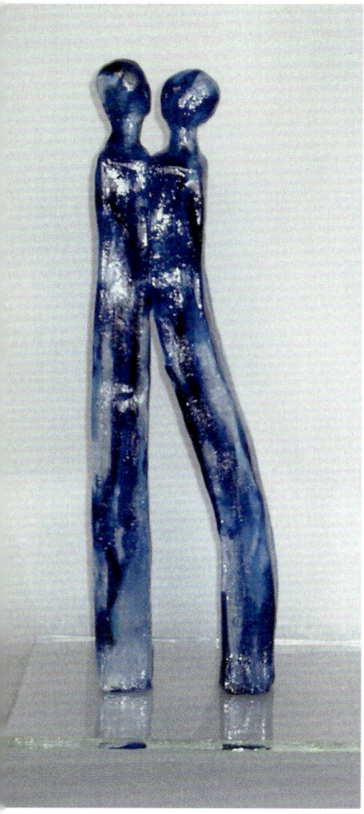

Paar I

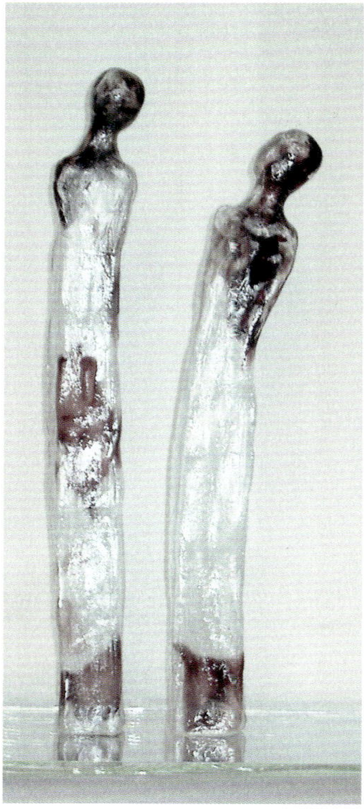

Paar II

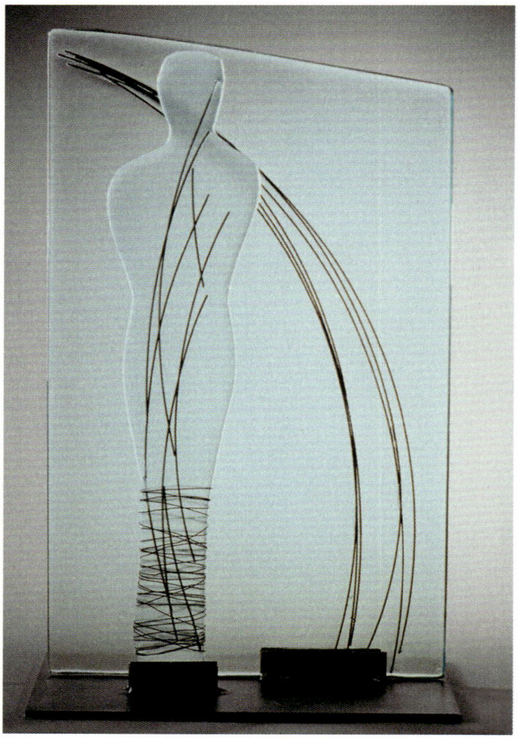

Bindungen

tierungen, die den durchsichtigen Figuren Substanz verleihen. Manchmal scheint es ein widersinniges Spiel mit gegensätzlichen Materialien zu sein, das ich mit dem zerbrechlichen transparenten Glas und dem stabilen, aber auch durchlässigen metallenen Geflecht treibe. Das Metall verleiht dem Glas Verlässlichkeit gegen Zerbrechlichkeit und betont die Körperhaftigkeit der Figuren.

Gravuren auf transparenten Flächen heben zudem bestimmte Aspekte hervor und geben Blickrichtungen und Perspektiven vor. Verändern die Betrachtenden ihren Standort, entstehen in den Objekten neue Strukturen und Einsichten, die polyvalente Interpretationen meiner Arbeiten ermöglichen und damit die Betrachter zur eigenen Deutungsarbeit auffordern.

Glas besitzt für mich eine immanente ästhetische Schönheit und Vielgestaltigkeit, mit der ich arbeite, die mir aber niemals Selbstzweck ist. Im Gegenteil: In manchen Arbeiten zerstöre ich sie bewusst, wenn die Aussage des Objekts beeinträchtigt werden könnte.

Sitzende

Drei Frauem

In einigen Arbeiten geht das Material Glas eine Symbiose ein mit der Malerei, was natürlich nicht im herkömmlichen Sinne als Glasmalerei zu verstehen ist. Eher könnte man es eine Addition von Glas und Malerei nennen.

Vor einem Hintergrund aus starkfarbigen verschränkten breiten Linienbahnen, die als Monotypie von einer Glasplatte gedruckt werden, hebt sich auf der normalerweise als Bildschutz aufgefassten Glasscheibe ein in das Glas gravierter kauernder Mensch ab, der je nach Lichteinfall lineare Schatten wirft. Diese wiederum erzeugen die Andeutung von Volumen und Dreidimensionalität, womit auch hier der Durchsichtigkeit des Glases entgegengewirkt wird.

Das Thema »Mensch« in verschiedenen Weisen der Annäherung und Gestaltung wird mich in meiner künstlerischen Gestaltung und Bearbeitung auch weiterhin begleiten und motivieren. Für Fragen und Anregungen bin ich jederzeit offen und dankbar.

Ruth Schroer, abgeschlossene Hochschulausbildung in Bonn und Münster; Bildhauerei bei Francesca Cataldi, Rom; Mitglied im BBK Bonn, GEDOK; zahlreiche Ausstellungen im In- und Ausland; 2002 und 2003 Kunststipendien des Staates Irland in Cill Rialaig/Kerry; Prämiertes Preisobjekt für Placido Domingo; Prämiertes Preisobjekt der Fa. Moeller für die Industrieausstellung Nürnberg; Arbeiten im öffentlichen Raum u. a. Glasmuseum Rheinbach, Glasmuseum Immenhausen, Ausgestaltung des Neubaus der Palliativstation Bonn; Gestaltung der Medienpreise der Konferenz der Landesfilmdienste e. V.; Kongress der Deutschen Gesellschaft für Palliativmedizin; Kongress der BAG HOSPIZ; seit 2005 Lebens- und Arbeitsschwerpunkt in Kerry/Irland sowie dort Aufbau eines eigenen Ateliers mit Galerie.

E-Mail: ruth-schroer@t-online.de
Website: www.Ruth-Schroer.de

»Chor der Muffeligen«

Musik hilft fühlen

Ann-Kristin Ruddies

Es gibt wohl nur wenige Dinge, die uns auf so einfache Weise mit Glück erfüllen können, die derart präsent sind und einen so großen Einfluss auf unser Leben haben wie Musik. Oftmals werden wir von dem Gefühl überwältigt, das Musik bei uns erzeugen kann. Aber, was mich mitreißt oder zu Tränen rührt, kann meinen Nächsten völlig kalt lassen. Auf der Welt gibt es nicht zwei Menschen, bei denen beim Hören derselben Musik die Nervenzellen in demselben Muster feuern. Das ist neurowissenschaftlich bewiesen. Jeder Mensch hört und empfindet Musik auf seine eigene, individuelle Art und Weise.

Wie ist die intensive Wirkung von Musik zu erklären?

Der Vorgang des Hörens ist zunächst einfach zu verstehen: Was die Retina für das Sehvermögen bedeutet, ist das Trommelfell für das Hören. Das Trommelfell ist dabei nichts weiter als eine über Gewebe und Knochen gespannte Membran. »Praktisch alle unsere Eindrücke der akustischen Umwelt ergeben sich aus der Art und Weise, wie das Trommelfell durch das Auftreffen von Luftmolekülen in Schwingung versetzt wird«, erläutert der Musiker und Neurowissenschaftler Daniel J. Levitin in seinem Buch »Der Musikinstinkt«. »Aber dass Töne zu Musik werden, ist das Verdienst einer enormen Analyseleistung des Gehirns: Es ordnet scheinbar mühelos ein kompliziertes Gemisch aus Schallwellen einzelnen Instrumenten und Stimmen zu und erkennt darin musikalische Phrasen und Motive. Diese Leistung wird nicht von einem spezialisierten ›Musikzentrum‹ vollbracht, vielmehr arbeiten hier verschiedene Areale des gesamten Gehirns zusammen.«

Leidfaden, Heft 2 / 2014, S. 80–85, © Vandenhoeck & Ruprecht GmbH & Co. KG, Göttingen, 2014, ISSN 2192-1202

worüber zu schweigen unmöglich ist.« (Victor Hugo)

Chorprobe mit Anke Engelke

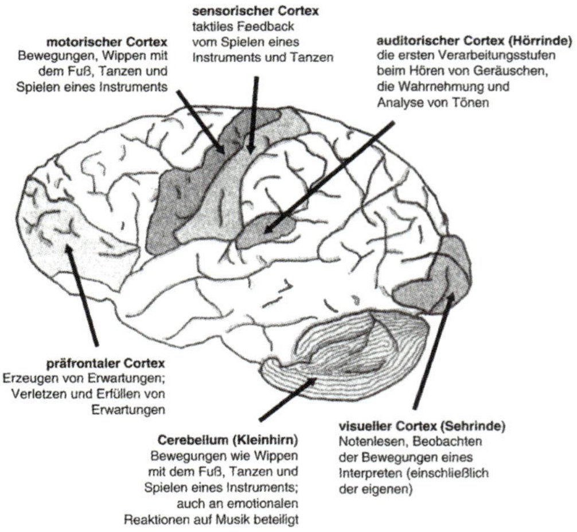

Gehirnareale. Grafik von Mark Tramo (aus: Daniel J. Levitin, Der Musikinstinkt, Springer Spektrum, Heidelberg 2009)

Und dass sogar Ungeborene bereits im Mutterleib Musik wahrnehmen, konnte die Psychologin Alexandra Lamon von der Keele University in Großbritannien in einem Experiment nachweisen, in dem Mütter während der letzten drei Monate der Schwangerschaft immer wieder dasselbe Musikstück anhörten – zum Beispiel eine Komposition von Mozart, einen Reggae-Titel oder einen Popsong. Nach der Geburt durften die Mütter ihren Kindern dieses Stück dann ein Jahr lang nicht vorspielen. In einer ausgeklügelten Versuchsanordnung konnte Lamon anschließend aufzeigen, dass die einjährigen Kinder dieses Musikstück lieber mögen als andere, ähnliche Stücke.

Dieses Gespür für Musik haben, abgesehen von Patienten mit seltenen neurologischen Erkrankungen, alle Menschen: Jeder ist grundsätzlich musikalisch. Wir alle können einfache Melodien mühelos in unterschiedliche Tonarten transponieren, auch ohne den Begriff der Tonart zu verstehen – also dieselbe Melodie von einem anderen Grundton beginnend singen (Die Zeit, 8.2.2012).

Musik besitzt einen direkten Zugang zu Emotionen

Psychologen und Neurowissenschaftler kommen zu dem Schluss, dass kein anderer äußerer Eindruck so starke messbare Auswirkungen auf fast alle Segmente des Gehirns hat wie Musik (siehe die Abbildung mit den Gehirnarealen). Verblüffend und gut untersucht ist das sogenannte Gänsehaut-Phänomen beim Hören von emotional stark berührender Musik. Beim Auftreten der Gänsehaut konnten mit Hilfe bildgebender Verfahren die Hirnregionen identifiziert werden, die besonders gut durchblutet werden: Teile des Mittelhirns und des frontalen Cortex, das linke ventrale Striatum und der Nucleus accumbens. Einige dieser Strukturen sind auch bei einer Sucht aktiv, beim Hunger auf Süßes, nach der Einnahme von Drogen oder bei sexuellem Interesse an einer Person.

Mit aufwändigen mathematischen Analysen konnte ferner gezeigt werden, dass Gehirnbereiche in einer ganz bestimmten Reihenfolge aktiviert werden und zu einem erhöhten Dopaminspiegel im Gehirn führen (Richter 2012).

Beim Musikhören und -bewerten ist der höchstentwickelte Teil unseres Gehirns direkt mit dem entwicklungsgeschichtlich primitivsten verbunden. Jede weltweit aus Geschichte und Gegenwart bekannte Kultur hat sich Musik geschaffen und damit auch Instrumente, um sie zu gestalten. Funde von Instrumenten werden auf über 30.000 Jahre geschätzt. Und nach der Auffassung von Darwin ging die Musik als Mittel zur Partnerwerbung der Sprache voraus. In seiner Theorie der sexuellen Selektion half Musik, sich selbst und damit seine Gene attraktiver zu machen.

»Wenn ich Musik höre, höre ich oft ganz bestimmte Antworten auf all meine Fragen und bin vollständig klar und sicher: Oder eigentlich, ich empfinde ganz deutlich, dass es gar keine Fragen sind.« (Gustav Mahler)

Musik kann Schmerzen lindern

Seit einiger Zeit nutzen nun auch Ärzte, Therapeuten und Pädagogen die Macht der Klänge: Musik kann Erinnerungen wachrufen, psychische Barrieren überwinden, Kommunikation ermöglichen und Schmerzen lindern. Auch die angstlösende Wirkung von Musik ist wissenschaftlich belegt. Der deutsche Neurowissenschaftler Stefan Koelsch hat in Untersuchungen zeigen können, dass fröhliche Musikstücke wie zum Beispiel das Allegro aus Bachs 4. Brandenburgischen Konzert oder ein irischer Tanz bei Patienten die Konzentration des Stresshormons Cortisol im Blut verringerten – während einer Operation benötigten sie weniger von dem Narkosemittel Propofol. Am besten funktioniert dies, wenn Patienten ihre Musik selbst mitbringen. Die eigene Wahl in einer als passiv und in Hilflosigkeit erlebten Situation ist offenbar zumindest teilweise eine gewisse Kompensation für den als bedrohlich erlebten Verlust der Kontrolle über sich selbst.

Wahrscheinlich hat Musik auch einen positiven Einfluss auf das Immunsystem. Besonders gut belegt ist die Wirkung von Musik einschließlich des Singens bei der Behandlung von Autismus, Depression, Angstzuständen verschiedener Genese und bei der Rehabilitation nach einem Schlaganfall.

So was wie Glück

Die positive Auswirkung von Musik wollte die Moderatorin und Schauspielerin Anke Engelke genau wissen und am eigenen Leib erfahren. Ein Jahr lang war sie als Reporterin und Suchende mit einem Fernsehteam für die Dokumentation »Sowas wie Glück« für die ARD unterwegs. Sie fragte die glücklichen Menschen nach ihrem Geheimnis von Glück und wollte »den Unglücklichen einen kleinen Schubs in Richtung Glück geben«. Und so gründete sie, die selbst so gerne singt, zusammen mit dem Musikwissenschaftler Professor Gunter Kreutz und dem Chorleiter Max Weise den »Chor der Muffeligen«. Drei Monate lang sangen Menschen zusammen, »denen es mies ging«. Am Ende stand das wissenschaftliche Ergebnis fest: Singen macht nachweisbar glücklich(er). Vor und nach den Chorproben wurden die Hormone anhand des Speichels bestimmt. Und die Ergebnisse zeigten bei jedem Teilnehmer einen hoch signifikanten Zuwachs an Oxytocin.

Wahrscheinlich hat Musik auch einen positiven Einfluss auf das Immunsystem. Besonders gut belegt ist die Wirkung von Musik einschließlich des Singens bei der Behandlung von Autismus, Depression, Angstzuständen.

Melancholia, Bronze von Erich Fritz Reuter, 1956 / Privatarchiv

Der Pianist, Komponist, Liedermacher und Sänger Martin Schmitt empfiehlt bei melancholischer Stimmung, vor allem die Musik zu hören, die man liebt.

Gefühlen nachspüren

Der Pianist, Komponist, Liedermacher und Sänger Martin Schmitt empfiehlt bei melancholischer Stimmung vor allem die Musik zu hören, die man liebt. »Will ich meinen Gefühlen tiefer nachspüren, wähle ich Musik mit Texten von Bob Dylan, Randy Newman, Herbert Grönemeyer oder auch Leonard Cohen. Leonard Cohen ist überhaupt der einzige Künstler auf der Welt, den ich kenne, der mit fast ausschließlich traurigen und tragischen Titeln Welterfolge feiert. Und der deutsche Künstler Herbert Grönemeyer hat es geschafft, Tragik – und damit meine ich den Krebstod seiner Frau – in Musik so umzusetzen, dass bei mir tiefe Emotionen freigesetzt werden. Und zwar mit treffendem Text und entsprechender Musik.«

Und wie kommt Martin Schmitt raus aus dieser Stimmung? »Mir hilft dann eher Musik ohne Text: treibende, spielfreudige Stücke, die rein instrumental angelegt sind wie zum Beispiel Erroll Garner mit seinem Album ›Up in Erroll's room‹.«

Ich höre, also bin ich

Bereits Ende der achtziger Jahre gibt Christa Grotepaß der Beerdigungszeremonie in Deutschland einen neuen Rahmen, indem sie für die Hinterbliebenen den Prozess des Abschieds individuell gestaltet. Damals eine Neuheit. Mit ihrem Ehemann betreibt sie das Hamburger Bestattungsinstitut *Rituales.* Prominente wie Helga Feddersen, Monica Bleibtreu, Peter Zadek oder Matthias Fuchs wurden von ihr bestattet. Hierbei setzt sie auch Musik bewusst ein. »Alles, was hilft, um die Trauer zu bewältigen, ist erlaubt.« Christa Grotepaß spricht auch über unsere letzte Wahrnehmung beim Sterbevorgang. »Was zuletzt geht, ist das Hören.« Hier schließt sich der Kreis. Am Anfang und am Ende ist der Ton.

Die Magie der Musik liegt in ihrer Macht, uns seelisch und körperlich tief zu erfassen. Musik kann helfen, an verschüttete Gefühle heranzukommen. Sie kann leid- oder lustvolle Erlebnisse wieder spürbar machen, indem wir uns durch Musik daran erinnern. Auch durch das häufige Hören derselben Musiktitel entwickeln wir eine Beziehung dazu.

Musik kann unserem Leid eine Sprache geben, wo wir sonst sprachlos sind. Sie gibt unserem Inneren einen akustischen Raum. Sie hilft uns, mit unseren Gefühlen in Resonanz zu gehen. Keine andere Kunst kann existenzielle Verlorenheit so tiefgründig und anrührend ausdrücken wie die Musik. Keine andere aber bietet auch so viel Trostfähigkeit wie sie.

Musik ...

- verleiht den tiefsten, den existenziellsten Gefühlen Ausdruck.
- lässt Gemeinschaftsgefühle entstehen.
- ist autonom. Sie ist nur sich selbst und der Wahrheit ihrer Haltungen und der Gefühle verpflichtet.
- stärkt ihre Hörer in ihrem Selbstbewusstsein.
- ist essenziell.
- hilft, sich zu Hause zu fühlen.
- fordert und fördert die Selbstbestimmung.
- reinigt die Gefühle.
- stärkt in ihrer komplexen Vielfalt das kognitive Vermögen der Hörer signifikant.

(Auszug aus »Der Musikversteher« von Hartmut Fladt)

Ann-Kristin Ruddies ist als Supervisorin, Organisationsentwicklerin und systemischer Coach tätig. Sie wirkte über 25 Jahre in der Musik- und Kommunikationsbranche u. a. als Künstlermanagerin und bei Steinway & Sons. Sie lebt in Hamburg und Schleswig-Holstein.

E-Mail: ak@ruddies.de

Musiktipp live

»Musik verstehen«. Prof. Dr. Hartmut Fladt erklärt anhand von Klassikern aller musikalischen Genres das Phänomen Musik.
Radiosendung, jeden Montag 19.30–20.00 Uhr, RadioEins vom rbb
Oder im Internet: http://www.radioeins.de/programm/sendungen/eins_am_abend/musikanalyse/archiv_musikanalyse. html

Musiktipps

Die Musiktipps sind als Anregung der Autorin gedacht und rein subjektiv. Die Leser sollten nach ihrem individuellen Geschmack die Musik finden, die sie näher an ihre Emotionen bringt.

»For you« – Album von Frank Chastenier
Pianist, Jazz/Universal

»Gabriel's Oboe« von Ennio Morricone
Filmmusik aus »The Mission«
gespielt von dem Cellisten Yo-Yo Ma
Oder in der Orchesterversion: www.youtube.de

»The Art of Yundi«
Pianist, Klassik/Deutsche Grammophon

»Der Weg« aus dem Album »Mensch«
von Herbert Grönemeyer
Pop/EMI
www.youtube.de

»Vier letzte Lieder« von Richard Strauß
Klassik, gesungen von Jessye Norman/
Deutsche Grammophon

Literaturhinweise

Fladt, H.: Der Musikversteher. Was wir fühlen, wenn wir hören. Berlin 2012.
Der David Precht der Musik: Was hören wir – und wenn ja, warum?

Heidenreich, E. (Hrsg.): Ein Traum von Musik. 46 Liebeserklärungen. München 2010.
Mit Beiträgen von André Heller, Armin Mueller-Stahl, Roger Willemsen, Reinhard Mey, Senta Berger, Hans Werner Henze, Ursula von der Leyen, Kent Nagano, Volker Schlöndorff und anderen.

Levitin, D. J.: Der Musikinstinkt. Die Wissenschaft einer menschlichen Leidenschaft. Heidelberg 2009.
Eine Lehrstunde über Kognitionspsychologie und Musik.

Levitin, D. J.: Die Welt in sechs Songs. Warum Musik uns zum Menschen macht. München 2011.
Der Musiker und Neurowissenschafler Levitin erläutert, wie unser Gehirn auf Musik reagiert und wie Emotionen entstehen: Sechs Songs über die großen menschlichen Themen Freundschaft, Freude, Trost, Wissen, Religion und Liebe.

Richter, T.: Warum man im Auto nicht Wagner hören sollte. Musik und Gehirn. Stuttgart 2012.
Thomas Richter vermittelt mit seinem Buch, warum Musik eines der größten Mittel ist, das Herz zu bewegen und Emotionen hervorzubringen.

Spitzer, M.: Musik im Kopf. Hören, Musizieren, Verstehen und Erleben im neuronalen Netzwerk. Stuttgart 2002.
Die physikalischen und physiologischen Grundlagen der Musik, verknüpft mit Erkenntnissen aus der Hirnforschung.

Wickel, H. H.: Musik kennt kein Alter. Mit Musik alt werden: ein Mutmacher. Stuttgart 2013.
Ein Mutmacher auch für ältere Menschen, Musik für sich (neu) zu entdecken.

BLAU – Der Weg in die Freiheit

Renate Haußmann

»Aber wie sollen wir daraus eine einzige Ausstellung machen?« Pablo, der sonst in sich ruht und die hitzigen spanischen Diskussionen letztlich immer zu einem Ergebnis bringt, ringt mit der Fassung. Er hat seine eigenen Vorstellungen von einer gelungenen Präsentation und weiß worauf es ankommt. Ungezählte Male sind seine Bilder ausgestellt worden. Museen in Spanien und in Venezuela haben Exponate von ihm in ihren Sammlungen. Doch irgendwann hatte er es satt, immer mit dem Blick auf die Vermarktung seiner Kunst zu arbeiten. Er wollte weg aus dem kommerziellen Kunstbetrieb, ganz weit weg. Bis auf die Kanaren ist er gekommen, seit vier Jahren lebt er in San Juan, auf Teneriffa. Hier auf der Insel macht er Radio und Theater, ist Mentor und Lehrer für engagierte Künstler und er gibt ihnen darüber hinaus die Chance, sich mit ihrer Kunst zu präsentieren. Für jede Ausstellung ist er Kurator, Galerist und Presseagent. Es ist nicht einfach, die unterschiedlichen Interessen unter einen Hut bringen, aber mit sanfter Autorität gelingt es ihm, die Individualisten behutsam in sein Konzept hineinzuführen.

Ich spreche nur leidlich Spanisch. Komme gerade aus New York, wo ich zwei Monate in einer Worklodge in Williamsburg recherchiert, konzeptioniert und gemalt habe. Am Ende gab es eine kleine Ausstellung von Bildern im *Blau der inneren Zerrissenheit und des Kampfes, dem Aquamarin und Azurit,* die in Hamburg mit dem NY-Label direkt in einer Galerie landeten. Aber das zählt hier alles nicht. Wie soll ich Pablo in der fremden Sprache erklären, was mein wirkliches Anliegen ist? Es geht nicht darum, meine Bilder, die in Hamburg, New York und auf Teneriffa entstanden sind, zu interpretieren oder zu verteidigen. Ich versuche den intimen Blick auf eine dunkle Episode meines Lebens in Worte zu fassen und das Ergebnis eines schmerzhaften Prozesses zu kommunizieren. Er soll verstehen, dass kein Schritt unabhängig von dem anderen geschehen ist.

»Du musst dich offenbaren«, hatte Angela am Telefon gesagt. »Pablo wird es sonst nicht verstehen, dass hinter den drei Themen eine einzige Geschichte steht.«

»Dame sólo algunos minutos, luego puedo explicarte por qué …« – ich schaue ihm direkt in die Augen. Natürlich wird er zuhören. Er ist ganz ruhig geworden. Sein Blick ist milde, wie der meines Großvaters, wenn er ahnte, dass ich ihm eine große Sorge auf die Schulter packen wollte. Spürt er, dass es dieser fremden Frau in seinem Atelier um mehr geht als um die Vermarktung einer exzentrischen, künstlerischen Selbstüberschätzung?

Er steht auf und holt eine Flasche Wein aus dem Schrank. Mit zwei Gläsern zwischen den Fingern kommt er zurück zu dem kleinen Tisch an der großen geöffneten Flügeltür. Von diesem Platz schaut man über die ganze Steilküste, immer mit dem Blick auf das Meer, das sich in diesen lapislazuliblauen Tönen zeigt, die es nur hier auf der Insel gibt.

Auf seinen ermunternden Blick hab ich gewartet. Nur ein kurzes Nicken genügt und ich beginne zu erzählen. Zögernd, nach den richtigen Worten suchend. Eigentlich kenne ich mich aus mit Worten. Die Sprache ist mein Kommunikationsmittel, das Werkzeug meiner beruflichen Karriere, das Schmiermittel, auf dem Emotionen und Gefühle leicht von den Lippen gleiten. Mein spanischer Wortschatz gibt es jedoch nicht her, mich in gewohnter Sicherheit dieser Kompetenz zu bedienen.

Leidfaden, Heft 2/2014, S. 86–90, © Vandenhoeck & Ruprecht GmbH & Co. KG, Göttingen, 2014, ISSN 2192-1202

Es scheint zu genügen – für das Wesentliche. Ich spüre, dass ich ihn erreiche, und erzähle von meiner Lebenskrise. Wie ein Modell aus Dominosteinen brachte ein Stein den anderen zum Einsturz. Beziehung, Job, Wohnung, nichts war für einen Neuanfang geeignet. Nur eins ragte wie ein Strohhalm aus den Trümmern – die Malerei. In dieser Zeit, auf der Suche nach einem neuen Anfang, immer mit dem Gefühl, völlig entwurzelt zu sein, sind diese Bilder entstanden, die so farbtreu sind und so viel Energie und Hoffnung ausstrahlen.

Ernsthaft und sehr konzentriert male ich das Bild der Situation mit Worten. Wundere mich, wie einfach es ist, wenn kurze Sätze und eindeutige Vokabeln genügen müssen. Relativ gelassen komme ich an den Punkt der Auferstehung aus einer ausweglosen Situation. Bestätige mir dabei selbst den Heilungsprozess, der mich durch die Welt führte und der eng verbunden ist mit den Bildern, die dort aufgereiht an der Wand stehen. Eindeutig erkennbar ist das *Blau der Tränen, das Carimblau* in den Bildern, die in Hamburg entstanden sind. Während ich spreche, spüre ich erneut, dass sich in jedem Bild die Vision eines Neuanfangs spiegelt. Mehr noch, schon während der Entstehung wuchs die Ahnung, dass mit jedem Exponat der Schritt in eine neue Richtung gelang.

Im Schnelldurchlauf ziehen die Erlebnisse der Vergangenheit vorbei. »Es begann mit der Jahrtausendwende. Erst platzte die

© Renate Haußmann, Blau der inneren Zerrissenheit und des Kampfes (New York) – Azuritblau oder Aquamarinblau

Ich versuche den intimen Blick auf eine dunkle Episode meines Lebens in Worte zu fassen und das Ergebnis eines schmerzhaften Prozesses zu kommunizieren.

© Renate Haußmann, Blau der Tränen (Hamburg) – Carimblau

Bestätige mir dabei selbst den Heilungsprozess, der mich durch die Welt führte und der eng verbunden ist mit den Bildern.

Internetblase und dann fielen die Türme in sich zusammen. Beide Ereignisse brachten meine eigene Festung zum Einsturz.« Vor Aufregung vermengen sich Englisch, Deutsch und Spanisch zu einem Sprachmix. »Bis dahin war ich der festen Überzeugung, dass ich mein Leben im Griff hatte. Mein Plan war aufgegangen. Ich wollte zehn Jahre lang *rund um die Uhr* arbeiten und dabei als Unternehmensentwicklerin so viel Geld verdienen, dass es für den Rest des Lebens reichte. Selbst von den Kunden hatte ich mich bereits verabschiedet. Ich war bereit für neue Abenteuer.« Die letzten Sätze bleiben mir fast im Halse stecken. Betreten schaue ich auf den Boden. Könnte ich heute noch so denken? Ein kurzer Blick zu Pablo, aber der ruht in sich und verschenkt Vertrauen. Ich rede einfach weiter, mit etwas mehr Selbstkritik, um den Worten vorher die Arroganz zu nehmen: »Auf einmal musste Bilanz gezogen werden, und die fiel ziemlich kläglich aus.«

Nun nehme ich meine Finger zur Hilfe und zähle die Katastrophen ab: »Reingelegt vom eigenen Größenwahn und der Sucht nach Erfolg, Rückzug in die Isolation aus Scham im Angesicht der Niederlage. Der Partner und andere Freunde hatten sich schon längst zurückgezogen, fast unbemerkt in einer Zeit, die keine Privatheit kannte, und dazu das finanzielle Desaster.« Ich erspare mir und ihm Einzelheiten. Analysen, Erklärungen und andere Umwege waren sprachlich wirklich nicht drin. Wieder bediene ich mich meiner zehn Finger und jetzt reihe ich mutig die Konsequenzen aneinander. »Als Erstes war der Mann weg, danach platzte die Internetblase und dann kam der Zusammenbruch. Burnout war die Diagnose, und die

© Renate Haußmann, Blau der Unendlichkeit und der Kraft (Teneriffa) – Lapis Lazuli

Kunden waren ja sowieso schon auf andere Beraterinnen verteilt. Ich hatte keine Energie, den Spieß wieder umzudrehen, und am Ende musste ich meine Wohnung vermieten und in mein kleines Büro einziehen, weil sonst die Kredite nicht zu erfüllen waren.«

Pablo erhebt sich von seinem Stuhl, »discúlpeme por favor«. Mit einem Teller kleiner spanischer Kuchen in der Hand kommt er zurück. »¡Tómalo!« Nur ein ganzer tiefer Atemzug kann verhindern, dass sich der aufkommende Schluchzer einen Weg bahnen kann. Mit den Madalenas gelingt es ihm, mich zu trösten. »Ich konnte niemandem mehr begegnen. Ich musste weg, irgendwohin, wo keiner von meinem Dilemma wusste.

Er kennt selbst die Bedeutung von Bildern, die einen Teil des eigenen Lebens reflektieren und im Prozess des Malens neue Entwicklungen ermöglichen.

Meine erste Station war Teneriffa.« Seit einigen Jahren besaß ich eine kleine Wohnung in einem Fischerdorf nahe der Hauptstadt Santa Cruz. Es war als eine Geldanlage für die Zukunft gedacht und dann wurde es ein Fluchtpunkt.

»Und dort nahm sie mich an die Hand, die Malerei.« Einen Augenblick versank ich in Erinnerung. Malen war eine fast vergessene Obsession, aus der vor Jahren eine Reihe von Frauenbildern entstand, die sich auf kleinen Ausstellungen gut verkaufen ließen. Unter der Last emotionaler Stürme entstanden andere Bilder. Aus der beschädigten Seele kamen Impressionen voller Kraft und Lebensfreude, die sich in großen Formaten zu expressionistischen Darstellungen in starke Farben wandelten. Diese erstaunlichen Erfahrungen setzten sich fort in Hamburg, wieder nahe an den Ereignissen, und dann in New York, zerrieben in innerer Auseinandersetzung und Sprachlosigkeit. Immer getrieben, immer auf der Flucht vor der Realität und der vermeintlich zerstörten Zukunft.

Es schüttelte mich ein wenig, als ob ich die aufkommenden Gefühle wie ein Tuch von der Schulter werfen wollte. Mit leiser Stimme, die vom Schmerz der Erinnerungen belegt ist, fahre ich fort: »Schritt für Schritt lösten sich die dunklen Gedanken in den angerührten Pigmenten auf. Mit der Macht des Himmels und des Meeres strahlte das BLAU in den Bildern – in allen Bildern, als Erkennungsmerkmal des Weges und als (wieder-)erkennbare Facette der einzelnen Stationen. Jeder Schritt war ein Schritt in eine neue Welt. Es war wie erwachen, aufstehen und losgehen. Durch die Krise hindurch malen war die Heilung. Der Traum von einem Neuanfang hatte sich erfüllt und er war BLAU.«

Konzentriert ist Pablo meinen Worten gefolgt. Zwischen Respekt und Anteilnahme pendelt er sich aus in Distanz und Nähe. Er hatte versucht, meine Gesten und den Ausdruck meines Gesichts zu deuten, wenn ich nach Vokabeln suchte. Ich habe anscheinend eine starke emotionale Kraft, die auch ohne Worte auskommt. Er versteht, wovon ich spreche, kennt selbst die Bedeutung von Bildern, die einen Teil des eigenen Lebens reflektieren und im Prozess des Malens neue Entwicklungen ermöglichen. Und nun erkennt er die Bedeutung meiner Bilder.

Mit einer Ausstellung, hier auf Teneriffa, will ich meine Krise öffentlich machen und damit meinen neuen Weg bekräftigen. Hier auf Teneriffa schließt sich der Kreis. Diese Ausstellung zu zerreißen, wäre wie auf halbem Weg umzukehren.

Mit einem Blick auf die Bilder, im *Blau der Unendlichkeit und der Kraft, dem Lapis Lazuli,* die hier auf Teneriffa entstanden sind, steht er auf und reißt einen vergilbten Zettel mit einem von Hand geschriebenen Spruch von der Pinnwand, setzt sich dann so nahe an mich heran, dass sein Arm um meine Schulter reicht, und legt mir den Zettel in die Hände.

Entwicklungen sind das Ergebnis
von Veränderung.
Veränderungen sind das Ergebnis
von Entscheidungen.
Entscheidungen müssen
verantwortet werden.
Nur dafür brauche ich Mut.
(Für Pablo)

»Si entiendo, estas imágenes te llevan a la libertad. No?« Erleichtert übersetze ich in Gedanken, dass er verstanden hat.

Der Titel der Ausstellung ist:
»INTERPRETACIONES EN EL CAMINO« – Obras de Hamburgo, Tenerife y Nueva York

Renate Haußmann ist Diplom-Sozialwissenschaftlerin und Schreibwissenschaftlerin (MA), Autorin und Dozentin. Sie arbeitet als freiberufliche Projektentwicklerin und systemische Personalberaterin in Hamburg. Die Entdeckung der eigenen Kreativität zur Stabilisierung in Krisen und zur Entwicklung von Perspektiven hat zu einem neuen beruflichen Engagement geführt. Sie ist Mitbegründerin von »Schreibweise Hamburg«, einem Bildungsinstitut, das in Hamburg und auf Sylt kreativ-biografisches und therapeutisches Schreiben anbietet.

E-Mail: rh@schreibweise-hamburg.de

Impressionen zu einem ganz persönlichen Kunstprojekt

Susanne von Müller

»Ein Kunstobjekt sollte als Ausdruck eines Prozesses entstehen«

Als Abschlussarbeit meiner Trauerbegleiter-Ausbildung sollte neben einer schriftlichen Arbeit auch eine kreative Arbeit abgegeben werden. Ein einfaches Fichtenkantholz war das Ausgangsmaterial, das uns zur Verfügung gestellt wurde. Daraus sollte ein Kunstobjekt, eine Stele, als Ausdruck eines Prozesses entstehen, den wir Teilnehmer und Teilnehmerinnen im Laufe unserer Ausbildung durchlaufen haben. Allein mit dieser Aufgabenstellung fühlte ich mich total überfordert.

»Anfänglicher Widerstand und Angst wichen einer Neugier«

Für mich sind verschiedene Möglichkeiten des Ausdrucks gut vorstellbar. Basteln, wie ich es nennen möchte, gehört nicht unbedingt dazu. Zeit meines Lebens stand ich mit Papier, Klebern und Stiften auf dem Kriegsfuß und jetzt sollte ich etwas mit meinen Händen gestalten? Alles in mir sperrte sich dagegen. Wozu sollte ich jetzt noch mein handwerkliches Geschick unter Beweis stellen müssen und wozu sollte das gut sein? Ich merkte, dass ich Angst hatte. Doch wovor eigentlich? War es die Angst, etwas zu gestalten, was einer Bewertung, meiner eigenen womöglich, nicht standhielt? Oder war es die Angst, meine Entwicklung etwas genauer unter die Lupe nehmen zu müssen, oder war es gar die Angst, etwas von mir zu zeigen? Etwas aus meinem Innern sichtbar zu machen? Je länger ich mich mit dieser Aufgabe befasste, umso mehr wichen mein anfänglicher Widerstand und meine Angst einer Neugier. Einer Neugier, etwas an mir und in mir entdecken zu wollen.

»Mein Gedankenchaos brauchte Struktur«

Sobald sich meine Abwehr aufgelöst hatte und ich mich dieser herausfordernden Aufgabe stellen wollte, sprudelten die Ideen nur so raus. Es war mir bald klar, dass diese Stele nicht mehr angstbesetzt war, sondern zu mir gehörte und ein eigener Wegweiser durch mei-

Leidfaden, Heft 2 / 2014, S. 91–92, © Vandenhoeck & Ruprecht GmbH & Co. KG, Göttingen, 2014, ISSN 2192–1202

© Susanne von Müller

ne Entwicklung war. Selbst in meinen Träumen entstanden immer komplexere und schönere Werke. Wieder im Hier und Jetzt musste ich vieles wieder verwerfen, weil es nicht mit den Mitteln, die mir zur Verfügung standen, umsetzbar war. Ich erstellte Skizzen, verwarf sie wieder und machte Pläne, was ich noch zu besorgen hatte. Das gab mir Struktur, die ich ganz dringend brauchte. Andernfalls hätte ich mich in meinem Gedankenchaos nicht mehr zurechtgefunden.

»Jeden Abschnitt auf meiner Stele verband ich mit eindrücklichen Erfahrungen«

Ich rief mir die einzelnen Stationen meiner Ausbildung ins Gedächtnis. Jeden Abschnitt auf meiner Stele verband ich mit eindrücklichen Erfahrungen, die ich im Lauf meiner Ausbildung gemacht habe und die mich in meiner Weiterentwicklung geprägt haben. Tag für Tag beschäftigte ich mich mit der Fertigstellung. Ich merkte, wie mir die Arbeit schließlich Spaß machte und ich meine Energie jetzt bündeln und zielgerichtet einsetzen konnte. Meine Tatkraft war wieder zurückgekehrt und einer gewissen Lähmung und Erstarrung gewichen.

»Ein Mosaiksteinchen nach dem anderen fügte sich zu einem Bild«

Wenn ich jetzt meine Stele betrachte, bin ich nicht nur stolz, dass ich mich dieser Aufgabe gestellt habe, sondern auch von einer inneren Zufriedenheit erfüllt. Sie ist das Symbol für meine Entwicklung, die anfangs von vielen Fragezeichen geprägt war. Doch ein Mosaiksteinchen nach dem anderen fügten sich jetzt zusammen und ergaben ein Bild. Die Arbeit an diesem Bild berührte mich sehr und stellte einen inneren Frieden her. Vieles konnte ich jetzt akzeptieren und abschließen und damit Platz für Neues schaffen.

Heute steht die Stele in meiner Praxis – und nicht nur zu Dekorationszwecken. Sie gibt mir Halt in Zeiten, wo Zweifel und Unsicherheit auftauchen. Sie dient als Mahnung, dass ich nicht allein bin, sondern viele hilfreiche Menschen an meiner Seite habe. Und sie dient zur Erinnerung, einen ganz besonderen Weg gegangen zu sein.

Ich danke allen, die mich auf diesem Weg begleitet haben.

Susanne von Müller, Heilpraktikerin für Psychotherapie, systemische Therapeutin/Familientherapeutin, Trauerbegleiterin für Kinder, Jugendliche und Erwachsene (BVT). Sie ist in eigener Praxis in Rosenheim tätig. Der Schwerpunkt ihrer Arbeit liegt in der therapeutischen Begleitung bei Verlusterfahrungen und in Trauerprozessen. Ehrenamtlich engagiert sie sich seit Jahren als Hospizhelferin und Familienbegleiterin.

E-Mail: info@trauerzeitraum.de

Der Garten der Frauen auf dem Friedhof Ohlsdorf in Hamburg

Rita Bake

»Aber in Ohlsdorf – da schwatzen die Toten, die unsterblichen Toten, vom unsterblichen Leben!« heißt es bei Wolfgang Borchert. Eine Form des unsterblichen, des ewigen Lebens ist die Erinnerung an die Toten. Doch leider werden Frauen oft nur als schwatzend wahrgenommen, ohne dass ihrem Wirken und ihren Taten respektvoll Gewicht beigemessen wird. Deshalb hat sich der Verein *Garten der Frauen* das Ziel gesetzt, dass die Leistung von Frauen im gesellschaftlichen Gedächtnis bleibt. Und so gibt es seit Juli 2001 auf dem größten Parkfriedhof der Welt, dem Ohlsdorfer Friedhof in Hamburg, ein europaweit einmaliges Projekt: den Garten der Frauen. Gegründet von Dr. Rita Bake wird er getragen von dem von ihr und zwei weiteren Mitstreiterinnen ins Leben gerufenen gemeinnützigen Verein *Garten der Frauen,* in dem sowohl Frauen als auch Männer Mitglied sein können.

Der Garten der Frauen ist ein Ort der Erinnerung an bedeutende Frauen Hamburgs, bei denen die Nutzungsdauer ihrer Grabstätten auf dem Ohlsdorfer Friedhof bereits abgelaufen ist und niemand für die Kosten der Verlängerung aufkommt. Es erschwert das Erinnern an Frauen, wenn deren Grabsteine dann entsorgt werden. Deshalb schreitet der Verein *Garten der Frauen* ein und lässt die Steine in den Garten der Frauen verlegen.

Auf Aluminiumtafeln, die in mehreren »Geschichtsbüchern« auf Ständern im Garten der Frauen aufgestellt sind, sind die Lebensgeschichten der bedeutenden Frauen nachzulesen, so von Frauenrechtlerinnen, Politikerinnen, Schauspielerinnen, Malerinnen, Musikerinnen, sozial Engagierten, Prostituierten, Theaterprinzipalinnen, Opernsängerinnen, Puppenspielerinnen, weiblichen Opfern patriarchaler häuslicher Gewalt, Migrantinnen, Frauen der alten und neuen Frauenbewegung, jüdischen Opfern des NS-Regimes, Widerstandskämpferinnen gegen den Nationalsozialismus.

Heute stehen 52 historische Grabsteine bedeutender Frauen im Garten der Frauen, der sich in den zwölf Jahren seines Bestehens flächenmäßig verdreifacht hat. Heute misst er rund 1100 Quadratmeter. Neben den historischen Grabsteinen gibt es für diejenigen Frauen, die einst auf dem Ohlsdorfer Friedhof bestattet waren, deren Grabsteine aber schon längst entsorgt wurden, Erinnerungssteine in Form einer Spirale. Momentan wird hier an 42 Frauen erinnert.

Der Garten der Frauen ist aber nicht nur eine museale Gedenkstätte. Hier können sich auch heutzutage Frauen bestatten lassen. Mit dem Erwerb einer Grabstelle und der Mitgliedschaft im Verein *Garten der Frauen* treten sie als Mäzeninnen für den Erhalt der historischen Grabsteine auf.

Auch für die im Garten der Frauen bestatteten Vereinsmitglieder (sofern diese es wollten) können Tafeln mit deren Lebensgeschichten aufgestellt werden, denn der Verein macht keinen Unterscheid zwischen den als bedeutend bezeichneten historischen Frauen und den Frauen, die sich im Garten der Frauen bestatten lassen.

Dieses Konzept von einem Ort für Frauen auf dem Ohlsdorfer Friedhof, der sowohl einen musealen als auch einen Bereich für Beisetzungen hat, macht es möglich, dass Frauengeschichte kontinuierlich fortgeschrieben werden kann.

Hinter dem Anliegen des Vereins *Gartens der Frauen* steckt politisches, soziales, frauenhistori-

sches Engagement, gleichzeitig die ernsthafte Beschäftigung mit dem Thema Leben und Tod. Der Garten der Frauen bietet hierfür eine einzigartige Möglichkeit, sich auf besondere Weise diesem Thema zu widmen – einem Thema, das unser Lebensthema ist, ob wir wollen oder nicht.

Die Gestaltung des Gartens der Frauen ist bewusst so gewählt, dass Besinnung auf die wesentlichen Dinge des Lebens leichtfallen kann. Durch seine historischen Grabsteine und die auf Aluminiumtafeln verewigten Viten der Frauen schlägt der Garten eine Brücke zwischen Leben und Tod.

Die Blumen und Sträucher, die Parkbänke, die Rosenbögen mit ihren vergoldeten Spitzen und der Brunnen unterstreichen diese Selbstverständlichkeit der Paarbeziehung Leben und Tod. Hier im Garten der Frauen ist der Ort, wo in heiterer Gelassenheit miteinander über bereits Verstorbene geredet, aber auch miteinander über sich selbst und über das eigene Leben und den Tod gesprochen werden kann.

Der Garten der Frauen ist aber auch ein Ort, wo man seinen Gedanken in aller Stille nachspüren kann und wo die Trauer ihren selbstverständlichen Platz hat, denn die durch den Garten der Frauen ausstrahlende Gelassenheit und Ruhe bieten eine tröstliche Grundstimmung, die auch Raum lässt für die ebenso selbstverständliche schmerzvolle, oft auch verzweifelte Trauer beim Verlust eines lieben Menschen.

Hier kann man Trost finden, denn der Garten der Frauen macht spürbar, was Thornton Wilder einmal geäußert hat: »Zwischen dem Reich der Toten und der Lebenden gibt es eine Brücke – die Liebe.«

Neben dem Garten der Frauen unterhält der gleichnamige Verein in den Sommermonaten zwischen Mai und Ende September in der Nähe des Gartens den sich dort befindenden historischen Wasserturm. In seinen Räumlichkeiten zeigt der Verein *Garten der Frauen* jedes Jahr eine neue kleine Ausstellung zu jeweils einer der bedeutenden Frauen, deren Grabstein im Garten der Frauen liegt. Vor dem Wasserturm präsentiert der Verein eine Tafel der besondere Art. An den Öffnungstagen der Ausstellung (jeden Sonntag von 14 bis 17 Uhr) kann an der Tafel Platz genommen werden. Hier kann man sich informieren, Vereinsmitglieder treffen und natürlich auch die Ausstellung besuchen.

Kontakt: Dr. Rita Bake, Tel.: 040–5604462

Erinnerungssteine in Form einer Spirale

Dr. h. c. Erna Mohr

(11.7.1894 Hamburg – 10.9.1968 Hamburg)
Zoologin von internationalem Rang

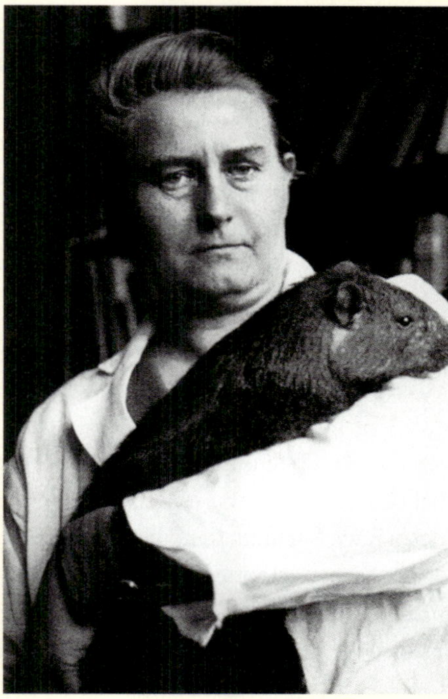

Foto: Privat

Im Alter von 18 Jahren nahm die Lehrerstochter Erna Mohr am Zoologischen Museum am Steintorplatz in Hamburg eine Tätigkeit als Spinnenzeichnerin an. Auch während ihrer späteren Arbeit als Lehrerin war sie am Zoologischen Museum tätig. 1934 wurde sie endlich vom Schuldienst beurlaubt und konnte die Museumsabteilung für niedere Wirbeltiere übernehmen. 1936 übernahm sie auch die Leitung der Abteilung für höhere Wirbeltiere. Sie schrieb unter anderem über Ohrtaschen am Säugetierohr, setzte sich für das vom Aussterben bedrohte europäische Wisent ein, wurde »Wisent-Mama« genannt und war die erste Zuchtbuchführerin aller in Zoos lebenden Wisente. Sie war der erste Mensch, der Fledermausbabys mit einer Nuckelflasche für Puppen großzog, und hielt im Zoologischen Museum Baumratten, deren Verhalten sie erforschte. Erna Mohr war eine der Pioniere auf dem Gebiet der Verhaltensforschung von Säugetieren. Sie erhielt hohe Auszeichnungen.

Hanna Schüßler

(23.5.1909 Rüstern/Liegnitz – 26.6.1985 Hamburg)
Leiterin des Evangelischen Frauenwerkes Hamburg, Begründerin der Hamburger Familienbildungsstättenarbeit

Hanna Schüßler entstammte einem Pastorenhaushalt. Nach dem Abitur wurde sie Pfarrgehilfin in einer Berliner Kirchengemeinde. Während der NS-Zeit weigerte sie sich, den »Deutschen Christen« beizutreten, was zu ihrer fristlosen Kündigung führte. Sie verließ Berlin, ging nach Hamburg und wurde von 1935 bis 1958 Leiterin der Landesstelle Hamburg des Burckhardthauses, des größten deutschen Verbandes weiblicher Jugend. Von 1952 bis zu ihrer Pensionierung 1974 übernahm sie Ausbau und Leitung des »Evangelischen Frauenwerkes der Evangelisch-Lutherischen Kirche im Hamburgischen Staate«. Gleichzeitig war sie bis 1958 Leiterin des Evangelischen Jugendwerkes. Hanna Schüßler sorgte durch ihr kirchliches und politisches Engagement für eine Vernetzung zwischen den Organisationen und Trägern, denen sie angehörte. Hanna Schüßler wollte die Arbeitsbereiche der Frauen- und Jugendarbeit, an der sie beteiligt war, an einem Ort zusammenziehen. 1959 war es dann so weit: Im Mai wurde das »Haus der Frau« – eine Hamburger Familienbildungsstätte – im von der Evangelischen Kirche erworbenen Haus am Loogeplatz 16 eingeweiht.

Ilona Bodden

(8.2.1927 Hildesheim – 16.4.1985 Hamburg)
Lyrikerin, Kinderbuchautorin und Übersetzerin

Schon ihre Kindheit muss Illusionen über die Welt erst gar keinen Platz eingeräumt haben. Sie verlief offenbar nicht nur einsam und belastet mit der Pflege ihres kränkelnden Vaters, eines Hildesheimer Buchhändlers. Wenn Ilona Bodden später äußert, dass sie ihre Kinderbücher – etwa zwanzig – schreiben musste, weil sie nur so die entsetzlichen Verwundungen der eigenen Kindheit überwinden könne, ist zu vermuten, dass diese Kindheit noch ganz andere Zumutungen für sie bereithielt. Doch auch später scheint sich Ilona Boddens Verhältnis zur Welt nicht wesentlich geändert zu haben. Ihre Lyrik ist oft düster. Ilona Boddens Gedichte wurden in zahlreichen Zeitungen und Zeitschriften veröffentlicht und in mehrere Sprachen übersetzt. Sie erhielt mehrere Lyrik-Preise überreicht. Ilona Bodden nahm sich am 16. April 1985, wenige Tage nach ihrem Mann, dem Journalisten Günter Löbering, in ihrer Wohnung das Leben.

Text: Brita Reimers

Franziska Jahns

(8.7.1850 Hamburg – 24.2.1907 Hamburg)
Kindermädchen der Familie Warburg

Franziska Jahns, die in einem Waisenhaus aufgewachsen war, kam 1869 im Alter von 19 Jahren als Kindermädchen in das Haus des Hamburger Bankier-Ehepaares Moritz und Charlotte Warburg. Die rothaarige junge Frau schenkte den sieben Warburg-Kindern ihre ganze Zuneigung. Sie war der Gegenpol zu Charlotte Warburg, die ein strenges, aus Leistungsdruck bestehendes mütterliches Regiment führte. Franziska Jahns zeigte sich den Kindern gegenüber warmherzig und gefühlvoll, schenkte ihnen ihre volle Zuwendung. Franziska Jahns, die nicht dem jüdischen Glauben angehörte, lernte sogar Hebräisch, um mit den Kindern die Gebete sprechen zu können. Franziska Jahns verstarb an einem Schlaganfall.

Cläre Popp

(21.3.1896–26.7.1978 Hamburg)
Puppenspielerin

Während des Ersten Weltkriegs hatte Cläre Popp als Flugzeugmechanikerin gearbeitet, später wurde sie die Muse und Freundin des Schriftstellers Hans Leip. Zusammen mit ihm und anderen gründete Cläre Popp 1920 das Hamburger Puppenspiel. Es sollte kein Kaspertheater, sondern zwischen Dada und Expressionismus angesiedelt sein. Zusammen bastelten Hans Leip und Cläre Popp, die während des Weltkrieges Mitarbeiterin bei der Puppenbühne von Albert Schlopsnies in München gewesen war, Köpfe, Hände, Dekorationen und Kostüme. Die Gruppe verfügte gerade mal über so viel Geld, dass davon die Puppenbühne fertiggestellt werden und auf dem Künstlerfest im Hamburger Curiohaus im Februar 1920 das Puppenspiel »Der betrunkene Lebenskelch oder wider Willen ins Grab zurück« aufgeführt werden konnte. Doch das Stück musste abgebrochen werden, weil es im Festsaal zu unruhig und die Akteure zu betrunken waren. Zu weiteren Aufführungen kam es nicht mehr. Das Ende der Liebe zwischen Hans Leip und Cläre Popp kam 1921, nachdem sich beide auf einer Puppenbühne erzürnt hatten.

Dr. phil. Rita Bake, Diplom-Bibliothekarin, Historikerin, Studium Bibliothekswesen an der Fachhochschule Hamburg. Studium der Sozial- und Wirtschaftsgeschichte, der deutschen Altertums- und Volkskunde, der Vor- und Frühgeschichte, Mitarbeit an Ausstellungen, Vorträge und Veröffentlichungen zur Frauen-, Sozial- und Wirtschaftsgeschichte Hamburgs. Autorin von szenischen Stadtrundgängen durch Hamburg. Gründerin des Gartens der Frauen auf dem Ohlsdorfer Friedhof und Vorsitzende des Vereins *Garten der Frauen,* stellvertretende Leiterin der Landeszentrale für politische Bildung Hamburg und der Abteilung Allgemeine Weiterbildung der Behörde für Schule und Berufsbildung.

Welche Bedeutung hat Kunst für sterbende oder trauernde Menschen?

Heidi Müller und Hildegard Willmann

Walter, Tony: How people who are dying or mourning engage with the arts. In: Music and Arts in Action, 2012/Vol. 4, Nr. 1, S. 73–98.

Tod und Verlust sind zentrale Themen der Schönen Künste (zum Beispiel Bildhauerei, Theater, Literatur) wie auch in der Populär- oder Unterhaltungskunst (zum Beispiel Volksmusik, Popmusik, Fernseh- und Kinofilme). Dennoch ist kaum etwas darüber bekannt, wie sterbende und trauernde Menschen diese Kunstformen für sich nutzen – es sei denn, aktive Künstler oder Kunsttherapeuten berichten darüber.

Tony Walter, ein Professor für Thanatologie an der Universität von Bath in England, analysiert in diesem Artikel, wie betroffene Laien Kunstprodukte schaffen oder konsumieren, und liefert damit wertvolle Hinweise für die professionelle Sterbe- und Trauerbegleitung.

Literaturauswertung

Kunst und Tod werden in der wissenschaftlichen Literatur in drei verschiedenen Zusammenhängen thematisiert. Erstens geschieht dies im Rahmen der Kunstgeschichte. Viele bekannte Künstler (etwa Pablo Picasso, Shakespeare) haben sich in ihren Arbeiten mit den Themen Verlust und Tod auseinandergesetzt. Zweitens werden Kunst und Tod oft im Zusammenhang mit Psychotherapieformen betrachtet. Dabei wird das künstlerische Schaffen höher bewertet als der bloße Konsum. Drittens finden seit den siebziger Jahren Kunst und Tod auch im Rahmen von Aus- und Fortbildungen im Bereich der Thanatologie Erwähnung.

Als Ergebnis seiner Literaturanalyse stellt Walter fest: Die Auseinandersetzung mit Tod und Verlust in der Kunst scheint nur anerkannten Künstlern vorbehalten zu sein. Außerdem drängt sich der Eindruck auf, die künstlerische Betätigung sei für sterbende und trauernde Menschen nur unter therapeutischer Anleitung sinnvoll. Sollten das Malen, Schreiben oder Fotografieren für Laien, die sich mit dem eigenen Tod oder dem anderer auseinandersetzen, an Bedeutung verloren haben?

Beobachtungen

Viele Menschen erfreuen sich tagtäglich an Kunstprodukten (zum Beispiel Musik hören im Radio) oder erschaffen sie selbst (zum Beispiel kurze Internetvideos). Das geht Menschen, die einen Verlust erlitten haben oder am Ende ihres Lebens stehen, nicht anders, wie Walter beobachtet hat.

Beispiel 1: Bill hat Krebs im Endstadium. Er wird zu Hause gepflegt. Bei einem Besucher beklagt er sich, er könne die wunderschöne Zeichnung, die er zu seiner Hochzeit geschenkt bekam, überhaupt nicht mehr sehen. Er bat seinen Freund, diese so aufzuhängen, dass er sie gut sehen könne. Die Bitte war schnell erfüllt und Bill erfreute sich in seinen letzten Tagen sehr an dieser Zeichnung.

Beispiel 2: Colin besuchte seine Frau regelmäßig im Pflegheim, in dem sie lebte, seit sich ihre Alzheimer-Erkrankung verschlimmert hatte. Seine Besuche nahm sie stets teilnahmslos hin, bis er bei einem Besuch ihre Lieblingsmu-

Leidfaden, Heft 2 / 2014, S. 98–99, © Vandenhoeck & Ruprecht GmbH & Co. KG, Göttingen, 2014, ISSN 2192-1202

gabs0110/photocase.de

sik abspielte. Das brachte sie für einige Momente »zurück ins Leben«, woraufhin ihr auch die anderen Familienmitglieder Musik vorspielten und alle sich an diesen Momenten gemeinsam erfreuten.

Es gibt zahlreiche Beispiele dafür, wie trauernde und sterbende Menschen Kunst für sich nutzen. Dabei geht es den Nutzern nicht darum, tiefere intrapsychische Einblicke zu erhalten. Ihnen geht es darum, sich zu erfreuen, sich abzulenken von Schmerzen, sich mit anderen oder dem Leben verbunden zu fühlen, in Erinnerungen zu schwelgen und vieles mehr.

In die Praxis übertragen

Die künstlerische Auseinandersetzung mit Tod und Verlust scheint ein Thema zu sein, das anerkannte Künstler und Experten des Gesundheitswesens für sich beanspruchen. Das hat negative Konsequenzen für Laien, die sich ganz selbstverständlich auf künstlerische Weise mit Verlust und Tod auseinandersetzen.

Kunst ist Bestandteil des täglichen Lebens und bleibt es auch, wenn Menschen sterben oder trauern. Für jeden Menschen ist eine andere Kunstform von Bedeutung. Einige Menschen finden es sinnvoll, ihre Lieblingsmusik zu hören oder alte Briefe zu lesen. Andere finden Erfüllung darin, zu schreiben oder zu malen. Die Betroffenen selbst oder auch die Angehörigen wissen meist am besten, was ihnen gut tut. Und so sind es viele ganz einfache Dinge, die in diesen Zusammenhängen getan werden können, wie beispielsweise ein Bild aufzuhängen oder jederzeit das Abspielen von Musik zu ermöglichen.

Kunst und Tod/Verlust in diesen alltäglichen Zusammenhängen zu betrachten kann sehr bereichernd für den Umgang mit Betroffenen sein, insbesondere deshalb, weil der positive Effekt kunsttherapeutischer Verfahren fraglich ist.

Möchten Sie mehr zu diesem oder anderen Themen aus der Trauerforschung erfahren? Melden Sie sich gern beim kostenlosen Newsletter »Trauerforschung im Fokus« unter www.trauerforschung.de an oder schreiben Sie uns einfach eine Mail.

Heidi Müller, Diplom-Politologin, Herausgeberin des Newsletters »Trauerforschung im Fokus«.

E-Mail: heidi.mueller@trauerforschung.de

Hildegard Willmann, Diplom-Psychologin, Herausgeberin des Newsletters »Trauerforschung im Fokus«.

E-Mail: h.willmann@trauerforschung.de

© Lukas Radbruch

Wie viel Kunst verträgt Palliativ?

Lukas Radbruch

Ernst ist das Leben, heiter ist die Kunst.
(Friedrich Schiller, Wallensteins Lager)

1963, vier Jahre vor der Eröffnung des St. Christopher Hospizes, sah Cicely Saunders zum ersten Mal Bilder des polnischen Malers Marian Bohusz-Szyszko. Sie wurden Freunde, und als das Hospiz eröffnet wurde, wurde Marian Bohusz-Szyszko der »Hauskünstler« des Hospizes, für den sogar ein Atelier in einer der vier Stationen eingerichtet wurde. Über viele Jahre hingen seine Bilder in den Räumen, Gängen und Treppenhäusern des Hospizes. Marian Bohusz-Szyszko blieb im Hospiz bis zu seinem Tod 1995, nachdem er Cicely Saunders 1980 geheiratet hatte.

Seine Bilder wurden allerdings nicht von allen Patienten, Angehörigen oder Mitarbeitern positiv bewertet. Seine Arbeiten waren sehr von seiner starken katholischen Religiosität geprägt, und Themen und Ausführung entsprachen nicht jedermanns Geschmack. Wenn Sie sich selbst ein Urteil bilden wollen, finden Sie eine Auswahl der

Leidfaden, Heft 2/2014, S. 100–102, © Vandenhoeck & Ruprecht GmbH & Co. KG, Göttingen, 2014, ISSN 2192-1202

Bilder von Marian Bohusz-Szyszko im St. Christopher Hospiz hier: http://www.stchristophers.org.uk/gallery/marian-bohusz-szyszko.

Bei der Neueinrichtung einer Palliativstation oder eines Hospizes scheint immer auch die ästhetische Gestaltung neben der Funktionalität eine wesentliche Rolle zu spielen. Viele der schwerkranken Patienten werden in diesen Einrichtungen bis zu ihrem Lebensende verbleiben, in den stationären Hospizen ist dies sogar der Regelfall. Die Einrichtung und die Wände werden also die optischen Impulse für die verbleibende Lebenszeit sein, und die Palliativ- und Hospizeinrichtungen sind sehr darauf bedacht, dass diese Impulse anregend und schön sind. Oft werden Künstler gezielt beauftragt, so haben wir für die neue Palliativstation im Universitätsklinikum Aachen bereits in der Bauphase die Aachener Künstlerin Brigitte Wissing mit einer Reihe von Bildern maßgeschneidert für den Flur beauftragt.

In den verschiedenen Einrichtungen habe ich dabei aber auch schon ähnliche Erfahrungen wie im St. Christopher Hospiz gemacht, dass nämlich von manchen Patienten die Kunstwerke negativ bewertet werden. Ein Patient der Palliativstation verhängte das Bild über seinem Bett demonstrativ mit einem Bettlaken, ein anderer hängte das Bild kurzerhand ab. Sehr deutlich war auch der Kommentar eines Patienten, der das Bild an der Wand als »kranke Leber« bezeichnete.

Natürlich kann die künstlerische Gestaltung in Hospizen oder Palliativstation nicht den Geschmack jedes einzelnen Patienten treffen. Dennoch scheint es wichtig, den Patienten, die dies wünschen, genügend Freiraum zu lassen, damit sie ihr Zimmer nach dem eigenen Empfinden umgestalten können. Wichtiger als eine künstlerische Ausgestaltung der Station wäre es also, vielleicht gleich Flächen zum Gestalten durch die Patienten und ihre Angehörigen zu schaffen. Also lieber Pinboards für eigene Bilder oder Familienfotos des Patienten anstatt großflächiger Bilder.

Nigel Hartley, der Direktor der Kreativen Künste im St. Christopher Hospiz, berichtet, dass sie vor wenigen Jahren das künstlerische Konzept vollständig neu ausgerichtet hätten. Statt einer Tagesklinik, in der Patienten einmal pro Woche einen Tag verbringen, und dabei auch malen oder töpfern können, wurde das ganze Erdgeschoß zu einem Tageszentrum umgebaut, in dem Patienten aus der ambulanten wie der stationären Behandlung, Angehörige, Mitarbeiter, aber auch Nachbarn aus der Gemeinde, die einfach von der Straße reinkommen können, gemeinsam an den angebotenen Aktivitäten teilnehmen können. Vor allem aber wurden die Künstlerbilder in die Nebengebäude verbannt und stattdessen überall Kunst von den Patienten und Angehörigen ausgestellt. Collagen, Zeichnungen, Bilder, Drucke, Skulpturen, aber auch Keramiken in der Wand des Gedenkraumes sind ohne Ausnahme von den Patienten und Angehörigen geschaffen worden. Damit wird eine radikale Orientierung an den Wünschen und Bedürfnissen der Nutzer sichtbar. Dies drückt sich auch darin aus, dass die kreativen Therapien (hier wird nicht zwischen Kunst- und Musiktherapie oder anderen kreativen Angeboten unterschieden) nicht nur im Hospiz, sondern auch und vor allem zu Hause angeboten wird. Die ambulant behandelten Patienten müssen also nicht ins Hospiz zur Kunsttherapie kommen, sondern die Kunsttherapie kommt zu den Patienten nach Hause. Dabei werden keine fertigen Programme übergestülpt, sondern es soll eher ohne große Ansprüche erfühlt, was die Patienten und Angehörigen brauchen könnten, und das dann angeboten werden.

Die Versuche mit Kunst- und Musiktherapie auf unserer Palliativstation zeigten zum Teil große Erfolge, bestätigten allerdings auch, dass dies nicht für alle Patienten ein sinnvolles Angebot ist. Viele Patienten sind kognitiv oder körperlich nicht in der Lage, aktiv teilzunehmen. Andere können oder wollen sich nicht darauf einlassen oder finden hierin keinen Sinn. Hier ist manchmal die Enttäuschung der Mitarbeiter groß, wenn sie sich von dem kreativen Ansatz einen Zugang zu den Emotionen des Patienten erhofft hatten.

Dann kann Kunsttherapie aber zur Belastung werden, und gutgemeintes Drängen der Mitarbeiter, diese Möglichkeit nun wahrzunehmen, kann für den Patienten sehr ungemütlich werden. Das ist dann ähnlich wie die Idee, dass Patienten über ihre Gefühle sprechen und am besten auch weinen müssten (»Gefühle rauslassen«), damit sie ihre Emotionen bearbeiten und dadurch mit dem Krankheitsverlauf besser umgehen könnten. Dies trifft aber nicht für alle Patienten zu, und für manche Patienten kann es geradezu gefährlich sein, wenn der mühsam errichtete und aufrechtgehaltene Schutzwall durch das Drängen der Mitarbeiter oder die Kunsttherapie eingerissen wird.

Für die Patienten und Angehörigen, die darauf eingehen möchten, bietet die Kunsttherapie eine wertvolle Unterstützung. Nicht zuletzt wird dies als wertvoll empfunden, wenn der Patient bereits früher künstlerisch tätig war. Hier können dann auch die Anstrengungen der Palliativmedizin hilfreich sein, um die Kunsttherapie zu ermöglichen. Ein Patient der Palliativstation fing einige Tage nach der Aufnahme auf die Station an, Aquarelle zu malen, nachdem er auf die Möglichkeit hingewiesen worden war, dass er hier Farben und andere Materialien bekommen könne. Die fertigen Bilder wurden mit »600 M« signiert. Auf meine Frage, wofür das denn stehe: »Unter der Dosis von 600 Milligramm Morphin kann ich jetzt wieder malen, weil ich die Schmerzen so im Griff habe.« Dies ist ein gutes Beispiel, wie Kunsttherapie und Palliativmedizin Hand in Hand gehen können; mit einer ausreichenden Symptomkontrolle werden die Vorbedingungen geschaffen, die mit dem kreativen Angebot dann umgesetzt werden können.

Prof. Dr. Lukas Radbruch ist Professor für Palliativmedizin an der Universität Bonn und Chefarzt des Zentrums für Palliativmedizin, Malteser Krankenhaus Bonn/Rhein-Sieg.

E-Mail: lukas.radbruch@malteser.org

Anmerkungen

1 http://www.stchristophers.org.uk/about/damecicelysaunders/marianbohuszszyszko

Flurbilder auf der Palliativstation des Universitätsklinikums Aachen von der Künstlerin Brigitte Wissing

Selbsthilfe entdecken – Neues (er)leben

Sylvia Brathuhn

Die *Frauenselbsthilfe nach Krebs e. V.* (FSH) ist eine der größten und ältesten Krebsselbsthilfeorganisationen in Deutschland. Die Organisation besteht aus 12 Landesverbänden und ca. 380 regionalen Gruppen. Aufgabe der Organisation ist es, an Krebs erkrankte Menschen aufzufangen, zu informieren und zu begleiten. Jeder der 12 Landesverbände setzt dabei seine eigenen Ideen und Schwerpunkte. Der Landesverband Rheinland-Pfalz/Saarland bietet seinen Mitgliedern zweimal jährlich eine Fortbildung an, die den Gefühlen, die mit der Erkrankung Krebs einhergehen, Raum und Möglichkeit des Ausdrucks schaffen soll. Bei einer Krebserkrankung wiegen Gefühle der Trauer, der Angst, der Hoffnungslosigkeit oft schwer. Sie dringen ein in die Gedankenwelt, finden über dunkle Worte ihren Ausdruck und können den ganzen Menschen gefangen nehmen. In einer solchen Situation ist es für Betroffene oft beschwerlich, einen Weg hinaus aus dem düsteren Szenario zu finden, um neue Kraft für sich zu schöpfen. Wieder einmal ist es die Kreativität im Menschen selbst, die hier Rettung verheißen kann, denn gefangen sein in eigener Trübsal geht oft einher mit Bewegungslosigkeit und Stillstand. Wichtig ist es also, wieder in Bewegung, ins aktive Tun zu kommen und für sich etwas Freudvolles und Lebendiges zu schaffen.

In diesem Jahr haben die Gruppenteilnehmerinnen der *Frauenselbsthilfe nach Krebs, Landesverband Rhein-land-Pfalz/Saarland e. V.* – unter dem Motto: »Selbsthilfe entdecken – Neues (er) leben« das *FSHana-Projekt* ins Leben gerufen. In Gruppentreffen haben sie sich ihre je eigenen Gedanken, Wünsche und Hoffnungen bewusst gemacht und diese in ihre »Gruppen-FSHana« eingearbeitet.

Dieser Begriff ist angelehnt an die Nanas der französischen Künstlerin Niki de Saint Phalle. Wer einmal die faszinierenden Nana-Figuren von Niki de Saint Phalle gesehen hat, dem werden sie mit ihrer präsenten, farbenfrohen Lebensfreude und ihrem trotzigem Selbstbewusstsein positiv in Erinnerung bleiben. Das Kürzel FSH, das den Nanas vorangestellt wird, steht für Frauenselbsthilfe nach Krebs und soll zeigen, dass es nicht nur die Lebensfreude ist, die in den Figuren zum Ausdruck kommt, sondern auch der Schmerz und das Leid. So entstanden auch Figuren, die nur eine Brust haben, einen ausgehöhlten Bauchraum oder vom Leid gekrümmt dargestellt werden. Das kreative Tun hilft den betroffenen Frauen, einen eigenen Ausdruck, eine eigene Sprache zu finden: »Im Tun erlebte ich plötzlich, wie sich in mir etwas lös-

Leidfaden, Heft 2/2014, S. 103–105, © Vandenhoeck & Ruprecht GmbH & Co. KG, Göttingen, 2014, ISSN 2192-1202

te. Was lange unausgesprochen blieb, bekam auf einmal Gestalt und ich spürte ein unerklärliches Leichterwerden. Der Krebs blieb, doch die Ängste nahmen Gestalt an, verschwanden aus der Nichtfassbarkeit. Immer wenn ich meine FSH-Nana anschaue, fühle ich mich gestärkt und weiß, *ich kann es schaffen*. Das ist ein gutes Gefühl« (Ilona S., 41 Jahre, Brustkrebs). Auf diese Weise haben die betroffenen Frauen für sich selbst und andere die Möglichkeit geschaffen – trotz allem –, ein Sinnbild für Lebendigkeit, Mut, Selbstbewusstsein und Selbstliebe zu sein.

Sowohl die Ausstellungswand als auch weitere Informationen können angefordert werden bei s.brathuhn@frauenselbsthilfe.de

Dr. Sylvia Brathuhn, Diplom-Pädagogin, ist in der psychoonkologischen Beratung und Betreuung für krebskranke Menschen und ihre Angehörigen tätig; Mitglied bei der *Frauenselbsthilfe nach Krebs, Landesverband Rheinland-Pfalz e. V.,* und bei der *IWG* (International Workgroup of Death, Dying and Bereavement); Trainerin in den Bereichen Sterben, Tod, Spiritualität und Kommunikation, Trauerbegleiterin.

E-Mail: brathuhn@t-online.de

FSH^{n}anas – Herstellungsrezept (Ute Hartmann, Neuwied)

Schritt 1: Zeitungspapier u. Kreppklebeband

Papierball knüllen

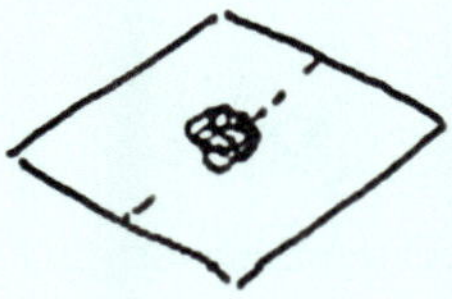

In die Mitte einer Zeitungsseite einlegen und …

mit Klebeband abkleben.

Schritt 2:

Zeitungsseite falten und …

mit dem Klebeband an dem Papier unterhalb des »Halses« befestigen.

Schritt 3:

Zeitungspapier längs u. quer falten …

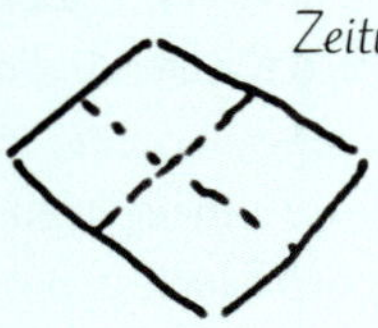 →  →

hälfteln und vorne sowie hinten an den »Schultern« befestigen

Schritt 4:

Zeitungspapier schmal falten …

… und durch die »Lebensmitte« ziehen

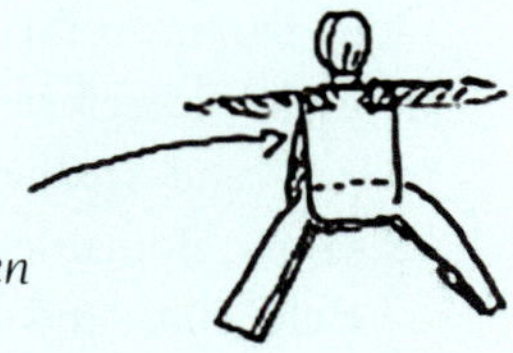

Schritt 5:

»Leibmitte« zur »Taille« bündeln und Beine so wie die Arme abbinden, den »Unterleib« einknicken

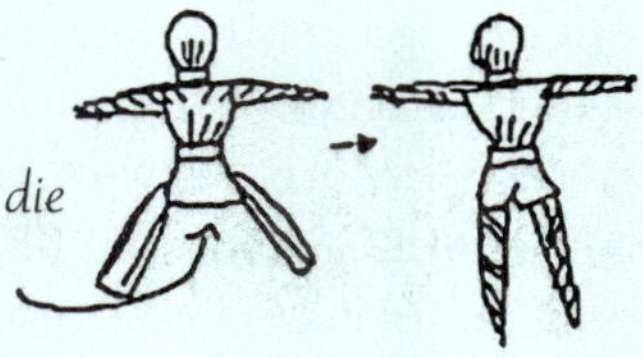

Schritt 6: Po, Beine und Busen (üppige Gestaltung)

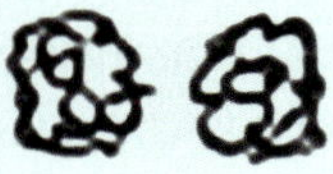

große u.

kleine

Papierbälle anbringen

Schritt 7:

Mit Papier die Formen aus- und aufpolstern, bis die Nana die gewünschte Form hat

und in die gewünschte »gefühlte« Haltung bringen …

Schritt 8: … mit Kleister »umcremen«, klein gerissene Papierschnipsel aufbringen und mit drei Schrichten ummanteln, bis die Figur stabil erscheint … trocknen lassen …

Schritt 9: trockene Nana auf Stabilität überprüfen … eventuell nochmals mit Kleisterschnipseln ummanteln. Fertige, trockenen Nana → mit weißer Fassadenfarbe anmalen → dann gewünschte Farben u. Motive aufmalen. Schließlich mit Tapetenschutz bestreichen. Für die Bemalung: Dispersionsfarbe/Fassadenfarbe und Tapetenschutz (unverdünnt)

… und jetzt die fertige Nana bewundern …

Kunst und Kreativität in der Palliative Care

Petra Rechenberg-Winter

Gillie Bolton (Hrsg.): Kunst und Kreativität in der Palliative Care. Aus dem Englischen von H. Börger. Bern: Huber, Hogrefe, 2013. 400 Seiten, 29,95 Euro

Die Herausgeberin Gillie Bolton ist freiberuflich tätige Dozentin für therapeutisches und reflektierendes Schreiben und Herausgeberin des Literatur- und Medizinteils im »Journal of Medical Ethics: Humaities« (BMJ), Herausgeberin des Bereichs Kunst und Gesundheit von »Progress in Palliative Care«, Mitherausgeberin des »Journal of Poetry Therapy« und Fachautorin zu kreativem und therapeutischem Schreiben. Im vorliegenden Buch sind weitere 44 Koautoren und Koautorinnen vertreten, Künstlerinnen und Künstler aus den Bereichen Kunst, Musik, Tanz, Literatur, daneben Professionelle aus Medizin und Gesundheitsfürsorge, Sozialarbeit und Spiritualität sowie Patienten/Patientinnen und Angehörige.

Die einzenen Beiträge zeichnen sich dadurch aus, dass alle Autoren Praktiker/-innen sind, entsprechend geben sie vielfältige Werkstatteinblicke und erläutern sie aus ihrer jeweiligen Fachperspektive. Ihr gemeinsamer Nenner ist das Verständnis von Kunst, die alle Erfahrungen des Menschseins in irgendeiner Form zum Ausdruck bringt, sich somit aktiv auseinandersetzt, anstatt diese nur zu ertragen. Kunst vermag es, Menschen zu unterstützen, sich selbst und ihre Rolle in der Welt zu verstehen, denn »Kunst bringt Klarheit« (S. 19) und gleicht einer Reise zum eigenen Selbst, das wie fremdes Land betreten wird.

Das Buch will die Kommunikation zwischen Künstlern, Professionellen und Erkrankten mit deren Zugehörigen fördern und Erfahrungen darstellen aus 1) der Arbeit mit Kunst ohne offenkundiges therapeutisches Ziel, 2) der direkten therapeutischen Arbeit, die auf Erkenntnisgewinn oder Heilung abzielt, und 3) dem Blickwinkel einer kritischen Reflexion (reflective practice). Es spannt einen weiten Bogen durch kunsttherapeutische und künstlerische Angebotsformen im Berreich Palliative Care.

Es ist ein Buch aus der palliativen Praxis für dieses Praxisfeld. Die einzelnen Kapitel sind überwiegend individuelle Erfahrungsberichte, meist ausführlich mit persönlichen Fallbeispielen eindrücklich illustriert. Es liegt wohl auch an der Fülle der Mitautoren, dass sich die ohnehin kurzen theoretischen Anteile in den einzelnen Beiträgen inhaltlich vielfältig wiederholen.

Auch die Übersetzung aus dem Englischen liest sich mitunter mühsam.

Den Anspruch, Professionellen Mut zu machen, ihre Erfahrungen mit Leid, Tod und Trauer zu äußern, die die Betreuung schwerstkranker und sterbender Menschen mit sich bringt, löst das Buch ein. Wer schwerpunktmäßig an wissenschaftlich-theoretischen Hintergünden interessiert ist, wird vielleicht in der weiterführenden Literaturliste fündig. Interessant und informativ ist die dargestellte Breite der diversen künstlerischen Zugänge, um den zutiefst eindrücklichen existenziellen Erfahrungen einen Ausdruck zu verleihen.

Ehrenamtliche Sterbebegleitung

Norbert Mucksch

Monika Müller, Wolfgang Heinemann: Ehrenamtliche Sterbebegleitung. Handbuch mit Übungsmodulen für Ausbildende. Vandenhoeck & Ruprecht, Göttingen, 2014, 326 Seiten, 49,99 Euro

Mit dem Handbuch »Ehrenamtliche Sterbebegleitung« legen Monika Müller und Wolfgang Heinemann ein Curriculum und eine darauf abgestimmte Materialsammlung vor, die dezidiert den freiwilligen Charakter von Sterbebegleitung in den Blick nimmt und das, was ehrenamtliches Engagement im hospizlichen Feld leistet und ausmacht, ausdrücklich betont und wertschätzt.

Bereits im Vorwort werden die zentralen Eckpunkte genannt, die dieses Engagement ausmachen, nämlich gelebte Solidarität in der Begleitung sterbender Menschen, ein bewusst aus der Kompetenz von »Laien« abgeleitetes wertvolles Selbstverständnis, eine Repräsentation von Alltäglichkeit und durch unspektakuläres Dasein gesetzte Signale der Hoffnung.

Der Aufbau des Buches orientiert sich stringent an dieser hohen Wertschätzung für ehrenamtliches Tun und berücksichtigt damit den tatsächlichen und unschätzbar hohen Stellenwert des Ehrenamtes in der Hospizbewegung, die zu Recht als größte Bürgerinitiative in der Geschichte der Bundesrepublik Deutschland bezeichnet werden darf.

Dabei besticht das Handbuch durch den konsequent eingehaltenen Blick auf die Befähigung zum ehrenamtlichen hospizlichen Arbeiten im Gegensatz zum – so die Autoren – »Fitmachen für bestimmte (normierte) Handlungsabläufe«.

Im Vordergrund stehen das Offenhalten und Aushaltenkönnen von Situationen, weshalb die Strategie des Curriculums stark auf die Entwicklung von Haltung und Persönlichkeit ausgerichtet ist.

Zielgruppe der umfassenden Veröffentlichung sind vorrangig Ausbildende in hospizlichen Zusammenhängen, die, einer Fundgrube gleich, in diesem Buch eine gut strukturierte und große Fülle an Anregungen sowie auch konkrete Übungen finden.

Das Curriculum selbst enthält fünf zentrale Module, die im ersten Teil des Buches ausgeführt werden und die Ausbildenden in der Hospizbewegung vertraut sind:

- Nähe und Distanz,
- eigener Umgang mit Sterben, Tod, Verlust und Trauer,
- die Situation Sterbender und ihrer Angehörigen,
- Rahmenbedingungen ehrenamtlicher Hospizarbeit,
- Kommunikation und Gesprächsführung.

Die Art und Weise, wie die Autoren diese Module im Inhaltsverzeichnis sprachlich umsetzen, macht ebenfalls deutlich, wie sehr es in diesem Feld um »Halt durch Haltung« geht. Es geht um die »Wahrnehmung« und die »Auseinandersetzung« mit den Modulinhalten und eben nicht nur um deren Vermittlung. Dies ist ein qualitativer Unterschied, den die Veröffentlichung klar in den Blick nimmt.

Der Darstellung des Curriculums folgt ganz konsequent eine Materialsammlung mit zahlreichen Übungen, Fragebögen, Informationsblättern und Texten. Diese Sammlung liefert eine Fülle an nicht nur sehr kreativen, sondern auch ganz sachlichen Methoden und Informationen. Kopiervorlagen hierzu sind optional auch als Download zu erhalten (4,99 Euro).

Allen, die in der Ausbildung von Ehrenamtlichen Sterbebegleitern tätig sind, sei dieses Handbuch mit Übungsmodulen zur Nutzung angeraten.

Es liefert ein wirklich breites Spektrum an Methoden in einem Umfang, der es erlaubt, mit diesem Material prozessorientiert in Abhängigkeit von sich immer neu bildenden Hospizausbildungskursen zu arbeiten und die je situativ sinnvolle Übung so einzusetzen, dass einzelne Gruppenmitglieder wie auch eine gesamte Gruppe Entwicklungsschritte machen können in der bewussten Ausprägung einer hospizlichen Offenheit und Haltung.

BUNDESVERBAND TRAUERBEGLEITUNG E.V.

BVT-Vorstandsmitglied Dirk Matzik stellt sich vor

Dirk Matzik, Beruf Sozialpädagoge und psychotherapeutischer Heilpraktiker. Ausbildungen als Sozial- und Suchtkrankentherapeut, in systemischer und klientenzentrierter Gesprächsführung, Psychodrama und professioneller Trauerarbeit, langjährige Selbsterfahrung in den Bereichen Ausdruckstanz, körperorientierte Psychotherapie und Zen-Meditation.
Seit 1988 in den Bereichen Psychotherapie, Trauerbegleitung, Supervision, Seminar- und Ausbildungsleitung tätig. Leiter von T.A.B.U.-Zentrum für Trauerbegleitung, Therapie und Weiterbildung.

E-Mail: trauart@online.de
Website: www.trauart.de

1955 in Bielefeld geboren, bin ich in Essen aufgewachsen und Vater einer 31-jährigen Tochter.

Seit Gründung des *Bundesverbands Trauerbegleitung (BVT e. V.)* arbeite ich als Mitglied des Vorstands an der Weiterentwicklung von Standards in den Qualifizierungen zur Trauerbegleitung.

Von Beruf bin ich Sozialpädagoge und Psychotherapeutischer Heilpraktiker mit verschiedenen Zusatzqualifikationen im therapeutischen Bereich. 1986 gründete ich mit Kollegen aus der psychosozialen Arbeit die Trauer- und Lebensberatungsstelle *T.A.B.U. e. V.*

T.A.B.U. steht für Trauer, Abschied, Begleitung und Unterstützung und verfolgt das Ziel, die Fähigkeit zu trauern stärker in das individuelle und soziale Leben zu integrieren. Seit 1998 leite ich zusammen mit Christina Kudling T.A.B.U. als Zentrum für Trauerarbeit, Therapie und Weiterbildung. Seitdem ist T.A.B.U. eine freie Einrichtung und wir bieten mit Herz und Sachverstand eine breite Palette von Angeboten in der Trauerbegleitung an. Hierzu gehören neben therapeutischen Angeboten Trauerseminare und Fort- und Weiterbildung in Trauerbegleitung.

1998 gründeten wir die Initiative *TRAUART,* unter der wir Angebote zusammenfassen, die zu mehr Selbsterkenntnis und Lebensfreude führen sollen. Dazu gehören unter anderem Life-Dance, Zen-Meditation und verschiedene Angebote in therapeutischen Verfahren wie beispielsweise Psychodrama.

Wenn ich heute auf meinen beruflichen Werdegang blicke, dann schaue ich genauso auf meinen persönlichen Entwicklungsweg, auf dem mir der Beruf zur Berufung geworden ist.

Leidfaden, Heft 2/2014, S. 108–110, © Vandenhoeck & Ruprecht GmbH & Co. KG, Göttingen, 2014, ISSN 2192-1202

Auch die Mitbegründung des BVT und meine Arbeit als Vorstandsmitglied sind letztendlich auf diese persönlichen Erfahrungen zurückzuführen. Im Rahmen der Mitarbeit im Bundesverband ist mir dabei wichtig, im Austausch mit anderen lehrenden Fachkräften zu sein und Erfahrungen aus der praktischen Arbeit in die kontinuierliche Fortentwicklung der Weiterbildungsstandards einfließen zu lassen.

Dass mir die Begleitung von Menschen, die durch Trauer betroffen sind, so am Herzen liegt, hat weniger mit meiner Ausbildung zum Psychotherapeuten zu tun als mit den Erfahrungen, die mir das Leben selbst geschenkt hat.

In meiner Kinder- und Jugendzeit waren mir Selbstliebe, achtsames und wertschätzendes Miteinander eher fremd und daraus entstand eine tiefe Sehnsucht nach Frieden und Liebe in mir. Diese Sehnsucht war mir viele Jahre meines Lebens nicht bewusst. Auf der Suche nach Liebe, Anerkennung und Bestätigung wurde ich zunächst zu einem Menschen, der versuchte durch angepasstes Verhalten Liebe, Zuwendung und Wertschätzung zu erfahren.

Doch die Zuwendung, die ich über Wohlverhalten und das Bedienen der Bedürfnisse meiner sozialen Umwelt erfuhr, stillte nie meinen Hunger nach Liebe und Bestätigung. Gleichzeitig spürte ich schon als junger Erwachsener eine latente Traurigkeit und auch eine große Sehnsucht. Sie wirkten wie ein Motor, der mich immer weiter trieb und nach Frieden und wirklicher Liebe suchen ließ.

Ich lernte die Trauer über die nicht erfahrene Liebe in mir kennen und die Kraft des Lebens, die im Ausdruck der Gefühle von Traurigkeit, Wut und Schmerz an die Oberfläche meines Bewusstseins gelangten.

Heute bin ich sehr froh, dass ich mich mit meiner Vergangenheit und den damit erfahrenen tiefen Schmerzen versöhnt habe und mit den Worten von Dr. Ruthmarijke Smeding sagen kann: »Das Loch, in das ich fiel, wurde zur Quelle, aus der ich lebe.«

Diese tiefen Erfahrungen prägten mein Leben, meine Arbeit und damit natürlich auch mein Engagement im Bundesverband. So ist es mir eine Herzensangelegenheit, diese Erkenntnisse einzubringen und für alle, die Trauernde begleiten und Weiterbildungsangebote annehmen, erfahrbar zu machen.

Eine der grundlegenden Erfahrungen auf dem Weg zu mir selbst war 1979 und ist bis heute die Begegnung mit Jesuitenpater Enomiya Lassalle und die Hinwendung zur Zen-Kontemplation. Fast fünfunddreißig Jahre bin ich nun Schüler auf diesem Weg und die Übung der Stille hat in allen meinen Lebensbereichen eine fundamentale Bedeutung. Letztlich könnte man auch sagen, dass es ein Weg ist, lieben zu lernen.

Die Sehnsucht nach Liebe zu bejahen, ist zu einer Haltung geworden, die sich in der Verantwortung mir selbst und der Welt gegenüber zum Ausdruck bringt. Trauerarbeit ist der natürliche Prozess, der in Gang gesetzt wird, wenn wir als Kind nicht die Liebe erfahren, die wir als Menschen benötigen und eigentlich selbstverständlich sein müsste. Die Fähigkeit zu trauern kommt uns auch zugute, wenn wir Personen, Dinge oder Vorstellungen verlieren, die wir bis dahin als selbstverständlich zu unserem Leben als dazugehörig empfunden haben. Trauer führt uns zu uns selbst, zu uns selbst in die Tiefe unseres Daseins. Dort müssen wir lernen, uns in dem scheinbar Unannehmbaren anzunehmen.

So ist die Erfahrung von gelebter Trauer zu einer Geburtserfahrung in meinem Leben geworden. Diese Erfahrung wiederholt sich ständig und macht mich bereit – wie es Verena Kast einmal sagte: »abschiedlich zu leben«. Somit ist

Trauerarbeit ein unverzichtbarer Bestandteil meines Lebens und meiner Tätigkeit als Sozialpädagoge und Psychotherapeutischer Heilpraktiker. Aus meiner Haltung zu Trauer entspringt eine Kommunikationsweise, die mich mit der Welt und meinen Mitmenschen in einem lebendigen Austausch sein lässt.

Der BVT setzt sich auch mit neuesten Erkenntnissen aus der Trauer- und Lernforschung auseinander. Forschungsergebnisse, fachpolitische und gesellschaftliche Entwicklungen werden diskutiert, veröffentlicht und auch in Fort- und Weiterbildungsstandards integriert.

Für mich sind hier auch Erkenntnisse aus der Zen-Kontemplation oder auch weiteren Formen der Bewusstseinserweiterung Aspekte, die im Rahmen der Trauerarbeit Bedeutung haben und einfließen sollten. Der Austausch unter den Mitgliedern ermöglicht neue Erfahrungen und öffnet durchaus neue Wege. Der Bereich körperorientierter Trauerarbeit, das heißt, durch Bewegung und Tanz den Trauernden Ausdrucksmöglichkeiten zu eröffnen, ist zum Beispiel ein Ansatz, den ich im Rahmen meiner Ausbildungsseminare intensiv umsetze und wie andere oben beschriebene Erfahrungen mit den BVT-Mitgliedern austausche.

Sowohl im Umgang mit Trauernden selbst als auch in der Qualifizierung von Menschen, die Trauernde oder Sterbende begleiten, ist es letztendlich immer ein Mensch, der mit seinen Erfahrungen, seinem Wissen und seiner Liebe ein Gegenüber bildet. Auch im Rahmen einer Vorstandstätigkeit ist es für mich selbstverständlich, als Mensch sichtbar zu sein. In dieser Menschlichkeit bin ich im lebendigen Austausch mit den Mitgliedern, die sich zum Ziel gesetzt haben, eine besondere Qualität in den Fort- und Weiterbildungsangeboten zur Trauerbegleitung zu schaffen und zu sichern.

»Kannst du nicht mal fünf Minuten still sitzen?!«

Vorschau Heft 3|2014

Thema: Leid im Abseits – Aberkannte und nicht gesehene Trauer

Leid und Trauer der Angehörigen demenzkranker Menschen
Unerkannt, aberkannt, übersehen

»Alles war parat … wohin jetzt mit all unserer Liebe?«
Die Trauer um totgeborene Kinder

Wenn Menschen spurlos verschwinden
Psychotherapeutische Begleitung schwieriger Bewältigungsprozesse

Zwischen Loslassen-Müssen und Dasein-Müssen
Verlust und Trauererfahrungen Angehöriger von Menschen mit einer geistigen Behinderung

Die sichtbare und die unsichtbare Trauer nach einem Seitensprung

Der Verlust eines Tieres

»Wettkämpfe sind nicht der richtige Ort für Trauer«
Trauerflor an den Olympischen Spielen in Sotschi

Ungewollte Kinderlosigkeit

u. a. m

Impressum

Herausgeber/-innen:
Monika Müller M. A., ALPHA Rheinland, Zentrum für Palliativmedizin, Von-Hompesch-Str. 1, 53123 Bonn
E-Mail: vr-leidfaden@monikamueller.com

Prof. Dr. med. Lukas Radbruch, Zentrum für Palliativmedizin der Universität Bonn, Von-Hompesch-Str. 1, 53123 Bonn
E-Mail: lukas.radbruch@vr-leidfaden.de

Dr. Sylvia Brathuhn, Bundesverband für Frauenselbsthilfe nach Krebs e.V., Schweidnitzer Str. 17, 56566 Neuwied
E-Mail: sylvia.brathuhn@vr-leidfaden.de

Dipl.-Psych. Thorsten Adelt (Bonn), Dr. Dorothee Bürgi (Zürich), Prof. Dr. Arnold Langenmayr (Ratingen), Markus Melchers M. A. (Bonn), Dipl.-Sozialpäd. Heiner Melching (Berlin), Dr. Christian Metz (Wien), Dipl.-Päd. Petra Rechenberg-Winter M. A. (Eichenau)

Bitte senden Sie postalische Anfragen und Rezensionsexemplare an Monika Müller, Zentrum für Palliativmedizin, ALPHA Rheinland, Von-Hompesch-Str. 1, 53123 Bonn

Redaktion:
Ulrike Kamp M. A., Verlag Vandenhoeck & Ruprecht, Robert-Bosch-Breite 6, 37079 Göttingen,
Tel.: 0551-5084-423, Fax: 0551-5084-477
E-Mail: u.kamp@v-r.de

Bezugsbedingungen:
Leidfaden erscheint 4-mal jährlich mit einem Gesamtumfang von ca. 360 Seiten. Bestellung durch jede Buchhandlung oder beim Verlag. Jahresbezugspreis € 68,00 D / € 70,00 A / SFr 85,50. Institutionen-Preis € 132,00 D / € 135,80 A / SFr 172,00, Einzelheftpreis € 19,95 D / € 20,60 A / SFr 26,90 (jeweils zzgl. Versandkosten), Online-Abo inklusive für Printabonnenten. Preisänderungen vorbehalten. Die Bezugsdauer verlängert sich jeweils um ein Jahr, wenn nicht eine Abbestellung bis zum 01.10. erfolgt.

Verlag:
Vandenhoeck & Ruprecht GmbH & Co. KG, Theaterstr. 13, 37073 Göttingen; Tel.: 0551-5084-40, Fax: 0551-5084-454

www.v-r.de

ISSN 2192-1202
ISBN 978-3-525-80606-7
ISBN 978-3-647-80606-8 (E-Book)

Umschlagabbildung: shutterstock.com

Anzeigenverkauf: Ulrike Vockenberg, E-Mail: u.vockenberg@v-r.de

Bestellungen und Abonnementverwaltung:
HGV Hanseatische Gesellschaft für Verlagsservice mbH, Servicecenter Fachverlage, Holzwiesenstr. 2, 72127 Kusterdingen;
Tel.: 07071-9353-16, Fax: 07071-9353-93,
E-Mail: v-r-journals@hgv-online.de

Gestaltung, Satz und Lithografie: SchwabScantechnik, Göttingen
Druck: Memminger MedienCentrum, Memmingen

Printed in Germany